초등학교 입학 전
공부의 기초를
닦아주세요!

국어뿐만 아니라 다른 과목을 공부하는 데 있어 가장 기초가 되는 것은 글을 읽고 내용을 파악하는 힘입니다. 학교에서 배우는 모든 과목은 알다시피 우리말의 낱말과 문장으로 이루어져 있습니다. 따라서 글을 읽고 내용을 이해하는 데 어려움이 없다면 아무리 배경 지식이 없는 낯선 내용이라도 충분히 글의 내용을 자신의 것으로 정리해 낼 수 있습니다.

글을 읽고 내용을 파악하는 데 핵심이 되는 능력은 어휘력과 독해력입니다. 그리고 어휘력과 독해력을 키우는 데 가장 좋은 것은 무엇보다도 꾸준한 독서 습관입니다. 평소에 책 읽기를 좋아하고 여러 분야의 책을 많이 읽은 아이라면 어휘력과 독해력이 다른 아이에 비해 부족함이 없을 것입니다.

하지만 절대적인 독서량이 부족하고 책을 읽더라도 정독하지 못하고 글의 내용이나 주제를 파악하는 데 서툰 아이라면 독서 방법이나 습관을 개선하기 위한 별도의 교육이 필요합니다. 가장 효과적인 교육 방법은 부모님이 아이에게 책을 읽어 주는 것입니다. 책 읽어 주기는 아이 스스로 책에 대한 거부감을 없애고 책을 좋아하게 만들기 위해 부모가 해야 할 기본적인 역할입니다.

책 읽어 주기와 더불어 짧은 글을 읽고 글의 내용을 파악하는 훈련을 지속적으로 해 주세요. 이것은 정독 습관을 길러주기 위한 것으로, 주어진 문제를 해결하기 위해서는 짧은 글이라도 꼼꼼하게 읽어야 한다는 것을 아이가 깨닫도록 하기 위함입니다. 예비초등 공습국어를 활용하면 이 훈련을 효과적으로 진행하는데 많은 도움이 될 것입니다.

이렇게 책을 좋아하고 정독하는 습관을 갖게 된다면 아이의 어휘력과 독해력은 점점 탄탄해질 것입니다. 특히 초등 입학 전부터 어휘력과 독해력을 착실하게 다져 놓는다면 학교 공부를 따라가는 데 큰 부담을 덜 수 있을 뿐 아니라 실력면에서도 한 발 더 앞서나가는 아이가 될 것입니다.

예비초등 공습국어의 특징

하나 ## 흥미롭고 유익한 글감이 가득!

우리 주변의 소소한 일상에서부터 알쏭달쏭 신기한 자연 현상에 이르기까지 아이들이 알아 두면 좋을 여러 가지 이야기를 아기자기한 그림과 함께 수록하였습니다. 또한 같은 주제에 해당하는 글들을 동화, 동요, 일기, 편지, 설명문 등 다양한 형식으로 구성하여 갈래별로 글의 특징을 맛볼 수 있도록 했습니다.

둘 ## 미리 체험해보는 초등 1, 2학년!

각 마당별 글감들은 초등 1~2학년 교과인 바른 생활, 슬기로운 생활, 즐거운 생활 영역의 활동 주제들로 구성하였습니다. 이를 통해 취학 전에 1~2학년 교과 주제와 관련된 내용을 미리 체험할 수 있습니다.

셋 ## 어휘와 독해 훈련을 한번에!

초등용 공습국어가 어휘와 독해로 나누어져 있다면 예비초등 공습국어는 어휘와 독해를 한 교재 안에서 공부할 수 있도록 구성했습니다. 이를 통해 어휘와 독해 어느 한쪽에 치우치지 않고 고르게 학습할 수 있습니다.

넷 ## 학습 지도를 위한 문제 풀이 및 해설!

교재에 들어 있는 별도의 정답지를 통해 문제에 대한 해설과 문제 풀이를 위한 학습 지도 요령을 확인할 수 있습니다. 집에서 아이와 교재 학습을 진행할 때 참고하면 많은 도움이 될 것입니다.

부모님께서는 이렇게 도와주세요!

하나 아이와 함께 하는 것이 무엇보다 중요합니다.

취학 전 아동의 경우 글을 읽거나 문제 풀이 활동이 익숙하지 않으므로, 혼자서 교재를 보고 공부하는 것이 쉽지 않습니다. 특히 본 교재는 글 읽기가 중요합니다. 독서 경험이 풍부한 아이라면 큰 어려움이 없겠지만 대부분 아이들은 글 읽기가 아직은 서툴고 어렵습니다. 따라서 부모님께서 교재에 나와 있는 지문이나 문제를 아이에게 직접 읽어 주시는 것이 좋습니다. 그런 다음 아이도 소리 내어 글을 읽을 수 있도록 지도해 주시기 바랍니다. 문제를 풀 때도 정답에 제시된 문제 풀이 방법과 지도 방법을 참조하여 아이와 서로 이야기하는 것이 학습 효과를 높이는 데 많은 도움이 됩니다.

둘 꾸준함이 좋은 공부 습관을 만듭니다.

어휘력과 독해력은 글을 읽을 때 정확하고 꼼꼼하게 읽는 정독 습관을 통해 형성됩니다. 이 말은 바꿔 이야기하면 정독 습관이 제대로 형성되지 않으면 어휘력과 독해력을 향상시키기가 쉽지 않다는 것입니다. 습관을 들이기 위해서는 꾸준하고 지속적인 훈련이 필요합니다. 따라서 본 교재를 볼 때 매일 1차시 정도의 분량을 꾸준히 학습할 수 있게 지도해 주시기 바랍니다.

셋 천천히 여유를 가지고 지켜봐 주세요.

아이와 문제를 풀다보면 방금 읽은 내용인데도 잊어버리고 헤매는 경우를 많이 경험해 보았을 것입니다. 그런 경우 답답하다고 아이를 다그치거나 좋지 못한 소리를 하면 아이들은 위축되고 스트레스를 받아 오히려 학습 의욕이 떨어지게 됩니다. 읽은 글의 내용이 잘 생각나지 않으면 다시 천천히 꼼꼼하게 읽어 보게 하세요. 그리고 시간에 쫓기 듯 문제를 풀게 하지 마시고 아이에게 충분히 생각할 시간을 주고 스스로 문제를 해결할 수 있도록 여유를 가지고 지켜봐 주세요.

넷 책 읽기가 어휘력과 독해력의 기본임을 잊지 마세요.

공습국어를 통해서 다양한 주제를 가진 여러 갈래의 글들을 접할 수 있고, 문제 풀이를 통해 어휘력과 독해력을 키울 수 있지만, 어휘력과 독해력의 기본은 다양하고 풍부한 독서 체험입니다. 교재 학습은 보조적 수단입니다. 궁극적으로는 아이가 책을 좋아하도록 만들어야 합니다.

아이가 흥미를 가질 만한 내용이 담긴 책을 부모님께서 꾸준히 읽어주고 책의 내용에 대해 자유롭게 대화를 나눠 보세요. 아이와 책이 가까워지는 데 많은 도움이 될 것입니다.

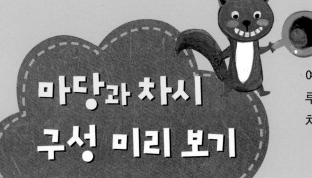

마당과 차시 구성 미리 보기

예비초등 공습국어는 한 마당이 다섯 개의 차시로 구성되어 있어 하루에 한 차시씩 학습할 때 1주일 정도가 소요됩니다. 따라서 매일 한 차시씩 꾸준히 진도를 나갈 경우 3주면 1권을 마무리할 수 있습니다.

부모님께

이번 마당에 나오는 글들이 초등 1~2학년 과목에서 어떤 주제에 해당하는지 소개하고 학습 지도 방법을 설명합니다.

마당 길잡이

이번 마당의 교과 영역과 각 차시별 글의 갈래와 내용, 그리고 글을 읽는 방법을 보여 줍니다. 처음 마당을 시작할 때 이곳을 통해 마당의 전체적인 내용을 확인하세요.

글을 읽어요

각 차시별로 문제를 풀기 위해 읽어야 할 글입니다. 부모님께서 먼저 읽어주시고, 그 다음 아이가 소리 내어 읽게 해 주세요. 그리고 읽을 때는 글의 내용을 생각하며 천천히 꼼꼼하게 읽어야 합니다.

낱말 쏙쏙

글에 나온 낱말 중 아이들이 조금 어려워할 만한 낱말이나 소리나 모양 등을 흉내 내는 낱말의 뜻을 풀어서 설명합니다.

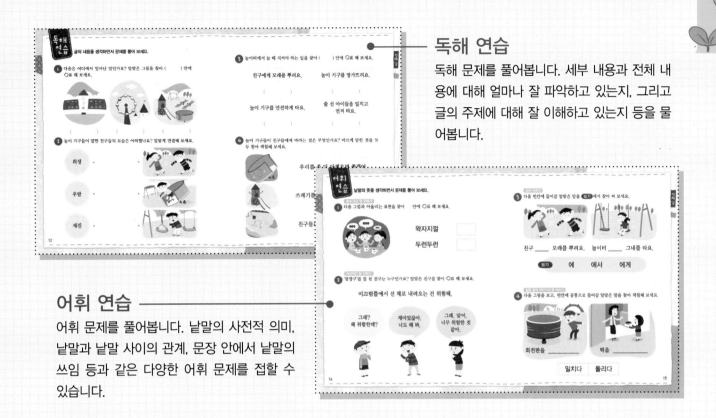

독해 연습

독해 문제를 풀어봅니다. 세부 내용과 전체 내용에 대해 얼마나 잘 파악하고 있는지, 그리고 글의 주제에 대해 잘 이해하고 있는지 등을 물어봅니다.

어휘 연습

어휘 문제를 풀어봅니다. 낱말의 사전적 의미, 낱말과 낱말 사이의 관계, 문장 안에서 낱말의 쓰임 등과 같은 다양한 어휘 문제를 접할 수 있습니다.

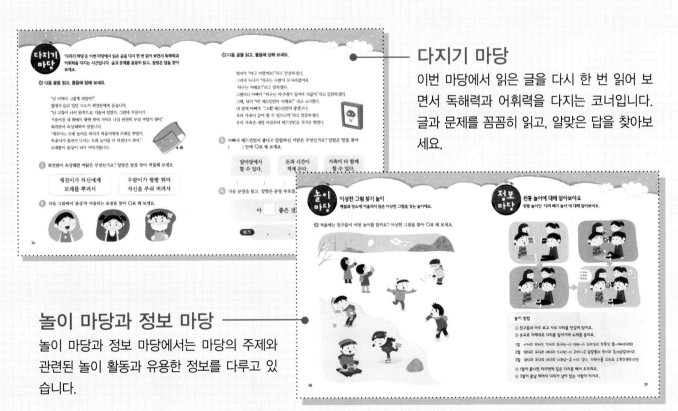

다지기 마당

이번 마당에서 읽은 글을 다시 한 번 읽어 보면서 독해력과 어휘력을 다지는 코너입니다. 글과 문제를 꼼꼼히 읽고, 알맞은 답을 찾아보세요.

놀이 마당과 정보 마당

놀이 마당과 정보 마당에서는 마당의 주제와 관련된 놀이 활동과 유용한 정보를 다루고 있습니다.

권별 구성과 교과 연계 보기

예비초등 공습국어의 각 마당은 초등 1~2학년 교과인 바른 생활, 슬기로운 생활, 즐거운 생활의 주제와 서로 연관이 되어 있습니다. 초등 교과목과의 연계를 통해 아이들은 미리 학교에서 배우게 될 내용들을 간접적으로 체험할 수 있습니다.

권	마당	제목	과목	주제
1권	첫째 마당	신 나는 동요	즐거운 생활	동요를 부르는 즐거움
	둘째 마당	화목한 가족	슬기로운 생활	가족 구성원과 가족의 소중함
	셋째 마당	올바른 생활 습관	바른 생활	생활 습관의 중요성
2권	첫째 마당	알록달록 색깔	즐거운 생활	색깔의 종류와 다양한 느낌
	둘째 마당	소중한 친구	바른 생활	바람직한 친구 관계
	셋째 마당	정다운 우리 마을	슬기로운 생활	우리 마을과 함께 사는 이웃
3권	첫째 마당	즐거운 운동과 놀이	즐거운 생활	여러 가지 놀이와 운동
	둘째 마당	다 함께 지켜요	바른 생활	공공장소에서의 바른 행동
	셋째 마당	신기한 우리 몸	슬기로운 생활	우리 몸에서 일어나는 현상
4권	첫째 마당	정다운 인사	바른 생활	상황에 알맞은 인사법
	둘째 마당	흥겨운 악기	즐거운 생활	음악의 여러 요소와 악기
	셋째 마당	와글와글 시장	슬기로운 생활	가게와 물건의 필요성
5권	첫째 마당	재미있는 연극과 흥겨운 춤	즐거운 생활	다양한 놀이와 느낌의 표현
	둘째 마당	자랑스러운 우리나라	바른 생활	우리나라를 상징하는 것
	셋째 마당	계절과 생활	슬기로운 생활	사계절 속 사람과 동식물의 생활
6권	첫째 마당	낮과 밤	슬기로운 생활	낮과 밤의 변화와 하루 일과
	둘째 마당	흥겨운 민속놀이	즐거운 생활	민속놀이의 즐거움과 조상의 삶
	셋째 마당	아름다운 환경	바른 생활	환경의 중요성과 실천 방법
7권	첫째 마당	왁자지껄 소리	즐거운 생활	소리의 구별과 표현
	둘째 마당	동식물은 내 친구	슬기로운 생활	동식물 기르기와 생명 존중의 마음
	셋째 마당	재미있는 숫자	수학	숫자와 수의 순서

차례

첫째 마당

즐거운 운동과 놀이

첫째 날 놀이 기구 · · · · · · · 10
둘째 날 가족회의 · · · · · · · 16
셋째 날 무슨 놀이할까? · · · · · 22
넷째 날 야, 공놀이하자! · · · · · 28
다섯째 날 다지기 마당 · · · · · · 34
　　　　놀이 마당 · · · · · · · 38
　　　　정보 마당 · · · · · · · 39

둘째 마당

다 함께 지켜요

첫째 날 말썽꾸러기 야옹이 · · · · 42
둘째 날 지키면 안전해요 · · · · · 48
셋째 날 음식점도 우리 집처럼 · · · 54
넷째 날 미술관 가는 날 · · · · · · 60
다섯째 날 다지기 마당 · · · · · · 66
　　　　놀이 마당 · · · · · · · 70
　　　　정보 마당 · · · · · · · 71

셋째 마당

신기한 우리 몸

첫째 날 내가 가장 중요해! · · · · 74
둘째 날 날마다 자라요 · · · · · · 80
셋째 날 이것이 궁금해요 · · · · · 86
넷째 날 손을 깨끗이! · · · · · · 92
다섯째 날 다지기 마당 · · · · · · 98
　　　　놀이 마당 · · · · · · · 102
　　　　정보 마당 · · · · · · · 103

첫째 마당

즐거운 운동과 놀이

"첫째 마당에서는 운동과 놀이에 대한 여러 가지 글을 읽어 볼 거예요.

텅 빈 놀이터에서 두런두런 이야기하는 놀이 기구를 만나고, 가족회의에서 있었던 일을 쓴 일기와 여러 가지 재미있는 놀이를 하는 두 친구의 이야기도 함께 읽어요. 또, 여러 공놀이에 대해서도 알아보아요. 주어진 글을 읽고 나면 운동과 놀이가 마구 하고 싶어질 거예요."

부모님께

첫째 마당에서 다루고 있는 '즐거운 운동과 놀이'는 초등 1학년 2학기 즐거운 생활 2단원 대주제인 '신 나는 놀이'와 초등 2학년 1학기 즐거운 생활 8단원 대주제인 '신 나는 여름'과 연관되어 있습니다. 이 주제를 통해 아이들은 다양한 놀이와 놀이 시설에서 안전하게 놀이하는 방법을 익히게 됩니다. 부모님께서는 다양한 놀이 경험을 통하여 아이가 표현 활동과 신체 활동에 흥미를 가질 수 있도록 도와주세요.

마당길잡이

교과영역	바른 생활	슬기로운 생활	✓ 즐거운 생활

순서	글감 제목	글감 내용	이렇게 읽어요
첫째 날	놀이 기구 (이야기)	놀이 기구들의 생각을 통해 친구들과 놀이터에서 놀 때에 지켜야 할 일을 알아보아요.	놀이 기구의 생각을 알아보며 읽어요.
둘째 날	가족회의 (일기)	가족회의 때 있었던 일과 그 일에 대한 글쓴이의 생각과 느낌을 알아보아요.	일기의 형식과 내용을 살펴보며 읽어요.
셋째 날	무슨 놀이할까? (생활문)	심심해하던 찬우와 슬지가 어떤 놀이를 하였는지 알아보아요.	놀이를 상상해 보고, 놀이의 즐거움을 느끼며 읽어요.
넷째 날	야, 공놀이하자! (설명하는 글)	공놀이하는 방법과 사용하는 공이 어떻게 다른지 알아보아요.	여러 공놀이에서 중요한 내용을 정리하며 읽어요.
다섯째 날	다지기 마당	앞에서 공부한 내용을 다시 한 번 확인해 보아요.	
	놀이 마당	이상한 그림 찾기 놀이를 해 보아요.	
	정보 마당	'다리 빼기 놀이'에 대해 알아보아요.	

놀이 기구

어두운 저녁, 텅 빈 놀이터에서 소곤소곤하는 소리가 들립니다.
미끄럼틀이 먼저 말합니다.
"희성이가 선 채로 쭈르르 미끄러져 내려오는 걸 보았니?
줄 선 아이들을 밀치고 그렇게 위험하게 몇 번이나 탔어."
"나한테도 그랬어. 나를 타고서는 줄을 **꽈배기**처럼 뱅글뱅글 꼬았다가
팽그르르 돌렸어. 그 바람에 옆에 타고 있던 지수가 다칠 뻔했지."
그네도 맞장구를 칩니다.

낱말쏙쏙

🌸 **꽈배기**

밀가루나 찹쌀가루 같은 것을
반죽하여 가늘고 길게 늘여
두 가닥으로 꽈서 기름에 튀
겨 낸 과자를 뜻해요.

"넌 어쩌다 그렇게 되었어?"

옆에서 듣고 있던 시소가 회전판에게 묻습니다.

"난 고장이 나서 한쪽으로 기울어 있었지. 그런데 우람이가
기울어진 내 위에서 쾅쾅 뛰어 기어코 나를 완전히 부숴 버렸지 뭐야."

회전판이 속상해하며 말합니다.

"재진이는 모래 놀이를 하다가 하윤이에게 모래를 뿌렸어.
하윤이가 울면서 다시는 모래 놀이를 안 하겠다지 뭐야"

모래밭이 울상이 되어 이야기합니다.

"내일은 친구들이 우리를 좀 더 아끼고, 서로 사이좋게 놀면 좋겠어."

밤새 놀이 기구들은 저희들끼리 두런두런 얘기를 합니다.

🌸 두런두런 낱말쏙쏙
여럿이 나직한 목소리로 가
만가만 이야기하는 소리.
또는 그 모양을 뜻해요.

11

글의 내용을 생각하면서 문제를 풀어 보세요.

1 다음은 어디에서 일어난 일인가요? 알맞은 그림을 찾아 (　　　) 안에 ○표 해 보세요.

　(　　　　　) 　　(　　　　　) 　　(　　　　　)

2 놀이 기구들이 말한 친구들의 모습은 어떠했나요? 알맞게 연결해 보세요.

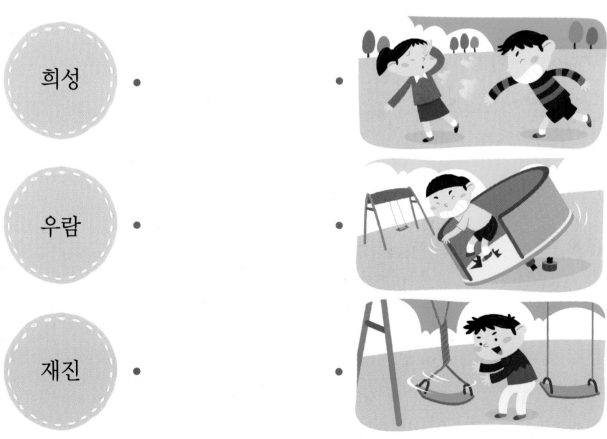

희성 ·

우람 ·

재진 ·

3 놀이터에서 놀 때 지켜야 하는 일을 찾아 ( ) 안에 ○표 해 보세요.

친구에게 모래를 뿌려요.

( )

놀이 기구를 망가뜨려요.

( )

놀이 기구를 안전하게 타요.

( )

줄 선 아이들을 밀치고 먼저 타요.

( )

4 놀이 기구들이 친구들에게 바라는 점은 무엇인가요? 바르게 말한 것을 모두 찾아 색칠해 보세요.

우리를 좀 더 아꼈으면 좋겠어.

쓰레기를 버리지 않았으면 좋겠어.

친구들과 사이좋게 놀면 좋겠어.

낱말의 뜻을 생각하면서 문제를 풀어 보세요.

흉내 내는 말 익히기

1 다음 그림과 어울리는 표현을 찾아 ⬚ 안에 ◯표 해 보세요.

| 왁자지껄 | ⬚ |
| 두런두런 | ⬚ |

추상적인 말 익히기

2 '맞장구'를 잘 친 친구는 누구인가요? 알맞은 친구를 찾아 ◯표 해 보세요.

미끄럼틀에서 선 채로 내려오는 건 위험해.

그래?
왜 위험한데?

재미있잖아.
너도 해 봐.

그래, 맞어.
너무 위험한 것
같아.

조사 익히기

3 다음 빈칸에 들어갈 알맞은 말을 보기 에서 찾아 써 보세요.

친구 _____ 모래를 뿌려요.   놀이터 _____ 그네를 타요.

> **보기**   에   에서   에게

같은 말의 여러가지 뜻 익히기

4 다음 그림을 보고, 빈칸에 공통으로 들어갈 알맞은 말을 찾아 색칠해 보세요.

회전판을 _____   떡을 _____

> 밀치다 ┆ 돌리다

가족회의

2000년 00월 00일 날씨:맑음

우리 가족 모두는 잘하는 운동이 하나씩 있다.

아빠는 회사에서 축구 대회가 열릴 때면 선수로 뽑힌다.

엄마는 주부 볼링 대회에서 우승을 하신 적도 있다.

누나는 체조를 잘한다. 그중에서도 리본 체조가 **특기**이다.

나는 태권도를 잘한다. 발로 하는 뒤돌려 차기가 특기이다.

그런데 오늘 아빠께서 가족회의를 여셨다. 그리고

"우리 가족이 함께 할 수 있는 운동은 무엇이 있을까?"

라고 말씀하셨다.

🌸 **특기**　낱말쏙쏙

특별히 잘하는 재주와 능력을 뜻하는 낱말이에요.

16

엄마가 "야구 어떨까요?"라고 말씀하셨다.

그러자 누나가 "야구는 사람이 **모자라잖아요.**

탁구는 어때요?"라고 말하였다.

그랬더니 아빠가 "탁구는 탁구대가 있어야 되잖아."라고 말씀하셨다.

그때, 내가 "아! 배드민턴이 어때요?"라고 소리쳤다.

내 말에 아빠가 "그래! 배드민턴이 좋겠구나.

우리 가족이 같이 할 수 있으니까."라고 말씀하셨다.

우리 가족은 내일 아침부터 배드민턴을 치기로 하였다.

나는 내 의견이 받아들여져서 기분이 무척 좋았다.

오늘부터 일찍 자고 일찍 일어나야겠다.

낱말쏙쏙

🌸 **모자라잖아요**
(모자라다)
어떤 수보다 적거나 어떤 정도에 이르지 못한다는 뜻이에요.

글의 내용을 생각하면서 문제를 풀어 보세요.

1 이 글은 어떤 글인가요? 바르게 말한 친구를 찾아 ( ) 안에 ○표 해 보세요.

가족이 잘하는 운동을 소개한 글이에요.

부모님께 하고 싶은 말을 써서 보낸 편지예요.

그날 겪은 일과 그 일에 대한 생각과 느낌을 쓴 일기예요.

(   )   (   )   (   )

2 가족회의에서 무엇에 대해 이야기했나요? 알맞은 것을 찾아 색칠해 보세요.

우리 가족이 함께 볼 수 있는 영화는 무엇이 있을까?

우리 가족이 함께 할 수 있는 요리는 무엇이 있을까?

우리 가족이 함께 할 수 있는 운동은 무엇이 있을까?

3 가족회의에서 누가 어떤 의견을 내놓았나요? 사람과 의견을 서로 바르게 연결해 보세요.

엄마 •

누나 •

'나' •

• 탁구를 해요.

• 야구를 해요.

• 배드민턴을 쳐요.

4 이 글에서 글쓴이가 겪은 일에 대한 생각과 느낌을 바르게 말한 것을 모두 찾아 ◯표 해 보세요.

오늘부터 일찍 자고 일찍 일어나야겠다.

태권도에서 발로 하는 뒤돌려 차기가 특기이다.

내 의견이 받아들여져서 기분이 무척 좋았다.

19

낱말의 뜻을 생각하면서 문제를 풀어 보세요.

포함하는 말 익히기

1 다음 낱말을 포함하는 낱말로 가장 알맞은 것은 무엇인가요? **보기** 에서 찾아 써 보세요.

| 탁구 | 야구 | 배드민턴 |
| 볼링 | 축구 | 체조 | 태권도 |

보기 선수 운동 회의

☐☐

추상적인 말 익히기

2 친구들이 자신의 '특기'에 대하여 말하고 있어요. 알맞게 말하지 <u>못한</u> 친구를 찾아 ◯표 해 보세요.

난 축구를
잘해.

난 사람을
잘 웃겨.

난 음악가가
되고 싶어.

(   )   (   )   (   )

이어 주는 말 '그리고' 익히기

3 '그리고'를 넣었을 때 그림에 제시된 문장과 자연스럽게 이어지는 문장을 찾아 ⬚ 안에 ◯표 해 보세요.

오늘부터 일찍 자야겠다.

• 늦게 자야겠다. ⬚

• 일찍 일어나야겠다. ⬚

• 늦게 일어나야겠다. ⬚

문장의 짜임 익히기

4 다음 문장을 왼쪽에 제시된 물음에 맞게 나누어 보세요.

> 우리 가족은 내일 아침부터 마당에서
> 배드민턴을 칠 거예요.

누가?　　　　　　　(　　　　　　　)

언제?　　　　　　　내일 아침부터

어디에서?　　　　　(　　　　　　　)

무엇을 할 건가요?　배드민턴을 칠 거예요.

무슨 놀이할까?

"휴~ 심심해." 찬우와 슬지가 심심해하고 있어요.

"뭐 할까? 뭐 하고 놀까?"

"구멍 송송 난 물뿌리개, 폭폭 푸는 꽃삽, 동글동글 돌멩이,
갖가지 모양 나뭇잎으로 모래 놀이할까?"

찬우가 수북이 모래를 쌓고, 물을 뿌려 다져요.

슬지가 손과 **꽃삽**으로 모양을 만들고 구멍을 파요.

둘은 돌멩이와 나뭇잎으로 모양을 꾸며 멋진 모래성을 쌓아요.

낱말쏙쏙

🌸 꽃삽

꽃이나 꽃나무를 옮겨 심거
나 가꾸는 데 쓰는 작은 삽
을 뜻해요.

"또 무슨 놀이할까? 뭐 하지?"
"커다란 도화지, 찍찍 짜는 물감, 색색의 크레파스,
쓱쓱 그리는 붓, 찰랑찰랑 물통으로 그림 그리자."
찬우가 크레파스로 삭삭, 슬지가 물감으로 쓱쓱 그려 멋진 그림을 완성해요.

"뭐 할까? 무슨 놀이하지?"
"널찍한 통, 물속에서도 깜박깜박할 수 있는 물안경,
도넛 모양 튜브, 첨벙첨벙 **오리발**로 물놀이하자."
찬우는 튜브를 타고 물 위에 둥둥 떠다니고
슬지는 물안경과 오리발을 끼고 어푸어푸 첨벙첨벙 수영해요.

> 낱말쏙쏙
> ❀ 오리발
> 사람이 물속에서 헤엄칠 때
> 신는 물갈퀴처럼 생긴 신발
> 을 뜻해요.

23

1 심심해하던 찬우와 슬지는 모래 놀이를 해요. 그림을 보고, 모래 놀이를 한 차례대로 번호를 써 보세요.

(   )   (   )

(   )   (   )

2 찬우와 슬지는 무엇으로 그림 그리기 놀이를 하였나요? 알맞은 것을 모두 찾아 ○표 해 보세요.

3 찬우와 슬지는 아래의 물건으로 무슨 놀이를 하였나요? 알맞은 그림을 찾아 ○표 해 보세요.

튜브　　　　　물안경　　　　　오리발

(　　　)　　　(　　　)　　　(　　　)

4 심심해하던 찬우와 슬지 이제는 심심하지 않대요. 그 까닭을 찾아 ○표 해 보세요.

친구와 함께 하는 놀이가
재미있기 때문이에요.

친구와 함께 보는 그림책이
재미있기 때문이에요.

낱말의 뜻을 생각하면서 문제를 풀어 보세요.

흉내 내는 말 익히기

1 다음 그림을 보고, 흉내 내는 말로 알맞은 낱말을 찾아 색칠해 보세요.

송송 | 폭폭

깜박깜박 | 찰랑찰랑

수수께끼 익히기

2 다음 문장을 읽고, 알맞은 것을 찾아 (　　　) 안에 ○표 해 보세요.

도넛, 오리, 자동차 등 모양이 여러 가지예요.
물 위에서는 젊어지고, 물 밖에서는 늙어져요.

튜브 (　　) 　　　 물감 (　　　) 　　　 물안경 (　　　)

네모난 집에서 친구들과 나란히 살아요.
삭삭 달려가면 예쁜 그림이 나타나요.

붓 (　　) 　　　 도화지 (　　　) 　　　 크레파스 (　　　)

26

3 다음 그림을 보고, 어떤 도구를 사용하였는지 빈칸에 '로'나 '으로'를 알맞게 써 보세요.

• 물뿌리개 _____ 물을 뿌려요.　　• 꽃삽 _____ 구멍을 파요.

4 다음 그림을 보고, 그림에 어울리는 문장을 찾아 연결해 보세요.

•　　　　　•　　　　　•

•　　　　　•　　　　　•

그림을
그려요.　　　그림을
그렸어요.　　　그림을
그릴 거예요.

야, 공놀이하자!

농구는 한 팀이 다섯 명이에요.
상대편 바구니에 공을 더 많이 넣으면 이겨요.
이동할 때는 항상 공을 튕기며 움직여야 해요.
까만 줄이 그려진 **오돌토돌**한 주황색 공이 농구공이에요.

야구는 아홉 명이 한 팀이에요.
공을 던지는 투수, 공을 받는 포수, 공을 치는 타자 등이 있어요.
타자가 공을 쳐서 경기장 밖으로 넘기는 것을 홈런이라고 해요.
실로 꿰맨 자국이 있는 하얀색 공이 야구공이에요.

낱말쏙쏙

🌸 **오돌토돌**

겉에 자그마한 것들이
볼록하게 튀어나온 모양을
말해요.

28

배드민턴은 네트를 사이에 두고
셔틀콕을 서로 치고 받는 경기예요.
셔틀콕이 바닥에 떨어지기 전에 네트 위로 다시 넘겨야 해요.
반원 모양의 코르크에 깃털을 꽂아서 만든 공이 셔틀콕이에요.

축구는 열한 명이 한 팀이에요.
상대편 골대에 공을 더 많이 넣으면 이겨요.
공격수, **미드필더**, 수비수, 골키퍼의 위치가 각각 정해져 있어요.
검정 오각형, 하양 육각형 조각들이 섞여 있는 공이 축구공이에요.

공놀이는 혼자 해도 좋지만, 여럿이 하면 더 즐거워요.

낱말쏙쏙
🌸 **미드필더**
공격수와 수비수 사이에서
상대편 공격을 막고, 자기편
공격수에게 공을 보내 주는
선수를 가리키는 말이에요.

글의 내용을 생각하면서 문제를 풀어 보세요.

1 다음 그림은 무슨 공일까요? 알맞게 낱말을 찾아 바르게 연결해 보세요.

 •

 •

 •

• 야구공

• 농구공

• 셔틀콕

2 다음은 무엇에 대한 설명인가요? ☐ 안에 농구에 대한 설명은 '농', 야구에 대한 설명은 '야', 축구에 대한 설명은 '축'이라고 써 보세요.

공격수, 미드필더, 수비수, 골키퍼가 있어요. ☐

이동할 때는 항상 공을 튕기며 움직여야 해요. ☐

타자가 공을 쳐서 경기장 밖으로
넘기는 것을 홈런이라고 해요. ☐

3 무엇에 대한 설명인가요? 바르게 말한 친구를 찾아 (　　　) 안에 ○표 해 보세요.

> • 네트를 사이에 두고 공을 서로 치고 받아요.
> • 공이 바닥에 떨어지기 전에 네트 위로 다시 넘겨야 해요.
> • 깃털을 꽂아서 만든 공을 사용해요.

농구예요.

배드민턴 이에요.

(　　　)　　　　　　　　(　　　)

4 이 글을 읽고, 알게 된 사실은 무엇인가요? 바르게 말한 것을 찾아 ⃝ 안에 색칠해 보세요.

공은 모두 둥글어요. ◯

한 팀의 사람 수는 다 달라요. ◯

모든 공놀이는 공을 더 많이 넣으면 이겨요. ◯

낱말의 뜻을 생각하면서 문제를 풀어 보세요.

흥내 내는 말 익히기

1 다음 그림을 보고, 알맞은 흉내 내는 말을 찾아 색칠해 보세요.

| 오돌토돌 |
| 매끈매끈 |

관련 있는 사물 찾기

2 '짝'은 둘이 어울려 한 벌이나 한 쌍을 이루는 것을 뜻해요. 짝이 되는 것끼리 알맞게 연결해 보세요.

세는 말 익히기

3 다음 그림을 보고, 사람 수를 세는 낱말로 알맞은 것에 ◯표 해 보세요.

농구는 한 팀이

다섯 | 명 | 장 | 이에요.

같은 말의 여러 가지 뜻 익히기

4 다음 그림을 보고, 빈칸에 공통으로 들어갈 말을 보기 에서 찾아 써 보세요.

엄마가 피아노를 [   ].   타자가 공을 [   ].

보기   쳐요   받아요   연주해요

다지기 마당

'다지기 마당'은 이번 마당에서 읽은 글을 다시 한 번 읽어 보면서 독해력과 어휘력을 다지는 시간입니다. 글과 문제를 꼼꼼히 읽고, 알맞은 답을 찾아 보세요.

❀ 다음 글을 읽고, 물음에 답해 보세요.

"넌 어쩌다 그렇게 되었어?"
옆에서 듣고 있던 시소가 회전판에게 묻습니다.
"난 고장이 나서 한쪽으로 기울어 있었지. 그런데 우람이가
기울어진 내 위에서 쿵쿵 뛰어 기어코 나를 완전히 부숴 버렸지 뭐야."
회전판이 속상해하며 말합니다.
"재진이는 모래 놀이를 하다가 하윤이에게 모래를 뿌렸어.
하윤이가 울면서 다시는 모래 놀이를 안 하겠다지 뭐야."
모래밭이 울상이 되어 이야기합니다.

1 회전판이 속상해한 까닭은 무엇인가요? 알맞은 말을 찾아 색칠해 보세요.

| 재진이가 자신에게 모래를 뿌려서 | 우람이가 쿵쿵 뛰어 자신을 부숴 버려서 |

2 다음 그림에서 '울상'과 어울리는 표정을 찾아 ○표 해 보세요.

✿ 다음 글을 읽고, 물음에 답해 보세요.

엄마가 "야구 어떨까요?"라고 말씀하셨다.
그러자 누나가 "야구는 사람이 모자라잖아요.
탁구는 어때요?"라고 말하였다.
그랬더니 아빠가 "탁구는 탁구대가 있어야 되잖아."라고 말씀하셨다.
그때, 내가 "아! 배드민턴이 어때요?"라고 소리쳤다.
내 말에 아빠가 "그래! 배드민턴이 좋겠구나.
우리 가족이 같이 할 수 있으니까."라고 말씀하셨다.
우리 가족은 내일 아침부터 배드민턴을 치기로 하였다.

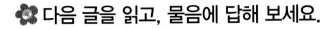

③ 아빠가 배드민턴이 좋다고 말씀하신 까닭은 무엇인가요? 알맞은 말을 찾아 ( ) 안에 ○표 해 보세요.

| 앞마당에서 할 수 있다. | 돈과 시간이 적게 든다. | 가족이 다 함께 할 수 있다. |

(   )   (   )   (   )

④ 다음 문장을 읽고, 알맞은 문장 부호를 보기 에서 찾아 쓰세요.

아 ☐ 좋은 것이 생각났어요 ☐

보기   ,   .   ?   !

🌸 다음 글을 읽고, 물음에 답해 보세요.

"휴~ 심심해." 찬우와 슬지가 심심해하고 있어요.

"뭐 할까? 뭐 하고 놀까?"

"구멍 송송 난 물뿌리개, 폭폭 푸는 꽃삽, 동글동글 돌멩이,
갖가지 모양 나뭇잎으로 모래 놀이할까?"

찬우가 수북이 모래를 쌓고, 물을 뿌려 다져요.

슬지가 손과 꽃삽으로 모양을 만들고 구멍을 파요.

둘은 돌멩이와 나뭇잎으로 모양을 꾸며 멋진 모래성을 쌓아요.

"또 무슨 놀이할까? 뭐 하지?"

"커다란 도화지, 찍찍 짜는 물감, 색색의 크레파스,
쓱쓱 그리는 붓, 찰랑찰랑 물통으로 그림 그리자."

찬우가 크레파스로 삭삭, 슬지가 물감으로 쓱쓱 그려 멋진 그림을 완성해요.

5 찬우와 슬지가 다음 물건을 가지고 한 놀이를 바르게 연결해 보세요.

물뿌리개, 꽃삽, 돌멩이 •   • 그림 그리기

도화지, 붓, 물통, 물감 •   • 모래 놀이

6 문장의 순서에 맞도록 (   ) 안에 1~3까지 숫자를 써 보세요.

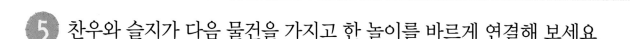

멋진 (   )   쌓아요. (   )   모래성을 (   )

🌼 다음 글을 읽고, 물음에 답해 보세요.

> 농구는 한 팀이 다섯 명이에요.
> 상대편 바구니에 공을 더 많이 넣으면 이겨요.
> 이동할 때는 항상 공을 튕기며 움직여야 해요.
> 까만 줄이 그려진 오돌토돌한 주황색 공이 농구공이에요.
> 야구는 아홉 명이 한 팀이에요.
> 공을 던지는 투수, 공을 받는 포수, 공을 치는 타자 등이 있어요.
> 타자가 공을 쳐서 경기장 밖으로 넘기는 것 을 홈런이라고 해요.
> 실로 꿰맨 자국이 있는 하얀색 공이 야구공이에요.

7 농구와 야구는 한 팀에 각각 몇 명씩인가요? 바르게 연결해 보세요.

| 농구 | • | • | 아홉 명 |

| 야구 | • | • | 다섯 명 |

8 다음 그림에 어울리는 말을 찾아 색칠해 보세요.

포수 투수 가

공을 던져요.

이상한 그림 찾기 놀이
계절과 장소에 어울리지 <u>않은</u> 이상한 그림을 찾는 놀이예요.

✿ 겨울에는 친구들이 어떤 놀이를 할까요? 이상한 그림을 찾아 ⃝표 해 보세요.

전통 놀이에 대해 알아보아요

전통 놀이인 '다리 빼기 놀이'에 대해 알아보아요.

놀이 방법

① 친구들과 마주 보고 서로 다리를 엇갈려 앉아요.

② 손으로 차례대로 다리를 짚어가며 노래를 불러요.

1절   이거리 저거리 각거리 천사만~사 다만~사 조리김치 장독간 총~깨비파리딱

2절   한다리 두다리 세다리 인사만~사 주머니곤 길팔월에 무서리 동지섣달대서리

3절   한다리 두다리 세다리 너희삼~촌 어디 갔니 자전거를 고치러 오꽁조꽁부자깽

③ 1절이 끝나면 마지막에 짚은 다리를 빼서 오므려요.

④ 3절이 끝날 때까지 다리가 남아 있는 사람이 이겨요.

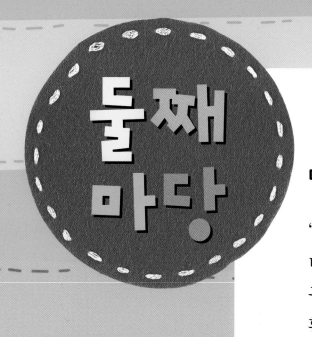

둘째 마당

다 함께 지켜요

"둘째 마당에서는 공공장소에서 지켜야 할 규칙에 대한 여러 가지 글을 읽어 볼 거예요.

규칙을 지키지 않는 야옹이도 만나고, 안전하게 생활하기 위해 꼭 지켜야 할 여러 가지 규칙에 대한 글도 함께 읽어요. 또, 음식점과 미술관에서 지켜야 할 규칙에 대해서도 알아보지요.

주어진 글을 모두 읽고 나면 공공장소에서 지켜야 할 규칙에 대해 좀 더 잘 알게 될 거예요."

부모님께

둘째 마당에서 다루고 있는 '다 함께 지켜요'는 초등 1학년 2학기 바른 생활 4단원 대주제인 '차례를 지켜요'와 초등 2학년 1학기 바른 생활 6단원 대주제인 '함께 지켜요', 초등 2학년 2학기 6단원 대주제인 '지키면 안전해요'와 연관되어 있습니다. 이 주제를 통해 아이들은 공공장소에서 규칙을 지켜야 하는 이유와 실천 방법을 배우게 됩니다. 부모님께서는 아이가 공공장소에서 지켜야 할 일을 알고 실천할 수 있도록 도와주세요.

지키면 안전해요

마당길잡이

교과영역	✔ 바른 생활	슬기로운 생활	즐거운 생활

순서	글감 제목	글감 내용	이렇게 읽어요
첫째 날	말썽꾸러기 야옹이 (이야기)	공공장소에서 규칙을 지키지 않은 야옹이에게 무슨 일이 일어났는지 알아보아요.	일이 일어난 까닭을 생각하며 읽어요.
둘째 날	지키면 안전해요 (설명하는 글)	안전하게 생활하기 위해 꼭 지켜야 할 규칙을 알아보아요.	글쓴이가 하고 싶은 말이 무엇인지 생각하며 읽어요.
셋째 날	음식점도 우리 집처럼 (이야기)	찬이의 이야기를 통해 음식점에서 지켜야 할 예절에 대해 알아보아요.	어디에서 어떤 일이 있었는지 살펴보며 읽어요.
넷째 날	미술관 가는 날 (견학 기록문)	글쓴이의 이야기를 통해 미술관에서 지켜야 할 규칙에 대해 알아보아요	본 것, 들은 것, 느낀 것을 구별하며 읽어요.
다섯째 날	다지기 마당	앞에서 공부한 내용을 다시 한 번 확인해 보아요.	
	놀이 마당	가위바위보 놀이를 통해 공공질서에 대해 알아보아요.	
	정보 마당	여러 가지 교통안전 표지에 대해 알아보아요.	

말썽꾸러기 야옹이

오늘은 토요일. 야옹이가 엄마와 영화관에 왔어요.
자리에 앉은 야옹이는 팝콘과 음료수를 먹기 시작합니다.
"어, 나쁜 놈을 물리쳐야지. 뭐하는 거야?"
야옹이는 영화를 보는 내내 큰 소리로 떠듭니다.
그리고 야옹이는 앞 사람의 의자를 '쿵쿵' 발로 찹니다.
"이런 게 어디 있어?" 야옹이는 벌떡 일어섭니다.
그때, 먹고 있던 팝콘과 음료수를 앞 사람에게 엎지릅니다.
"죄송합니다. 죄송합니다."
몇 번을 **사과**한 후 엄마와 야옹이는
더 이상 영화를 보지 못하고 나옵니다.

낱말쏙쏙

❀ **사과**

잘못이나 실수를 저질러서 미안하다고 말하는 것을 뜻해요.

42

오늘은 일요일. 야옹이는 엄마와 슈퍼마켓에 왔어요.

"야, 신 난다. 슈웅~"

신이 난 야옹이는 **카트**로 장난을 치다가 '쿵' 넘어집니다.

"와! 저거 내가 좋아하는 과자 아냐? 저건 로봇."

야옹이는 좋아하는 과자와 장난감을 보고는 무작정 뛰어갑니다.

한참을 이것저것 만져보더니 야옹이는 떼를 쓰기 시작합니다.

"엄마, 나 이거 사 줘. 응? 사 달라니까.

어? 그런데 엄마가 어디 있지? 엄마, 우아앙~"

엄마를 잃어버린 야옹이는 계속 울어 댑니다.

🌸 **카트** 낱말쏙쏙
물건을 실어 나를 수 있도록 만든 작은 손수레를 뜻해요.

독해 연습

글의 내용을 생각하면서 문제를 풀어 보세요.

1 야옹이가 간 곳을 모두 찾아 (   ) 안에 ◯표 해 보세요.

영화관	놀이 공원	슈퍼마켓
(　　　)	(　　　)	(　　　)

2 야옹이는 영화관에서 어떻게 하였나요? 야옹이가 한 행동이 <u>아닌</u> 것을 찾아 ◯표 해 보세요.

3 야옹이는 슈퍼마켓에서 어떻게 하였나요? 야옹이가 한 행동을 바르게 말한 친구를 모두 찾아 〇표 해 보세요.

뛰어다녔어요.

(   )

카트로 장난을 쳤어요.

(   )

과자와 장난감을 샀어요.

(   )

4 규칙을 지키지 않은 야옹이는 어떻게 되었나요? 알맞은 말에 색칠해 보세요.

'쿵' 하고 넘어졌어요.

엄마와 함께 즐겁게 영화를 봤어요.

엄마가 과자와 장난감을 사 주셨어요.

영화를 보지 못하고 영화관에서 나와야 했어요.

낱말의 뜻을 생각하면서 문제를 풀어 보세요.

포함하는 말 익히기

1 다음 낱말 중에서 나머지 셋을 포함하는 낱말은 무엇인가요? 알맞은 것을 찾아 ◯표 해 보세요.

우유	식혜	주스	음료수

같은 낱말의 여러 가지 뜻 익히기

2 다음 그림과 어울리는 표현을 찾아 바르게 연결해 보세요.

 · · 줄 · ·

 · · 사과 · ·

3 다음 두 문장을 어떤 말로 이어 주어야 할까요? 알맞은 말을 골라 색칠해 보세요.

> 야옹이는 영화를 보는 내내 큰 소리로 떠듭니다.
>
> | 하지만 | 그리고 |
>
> 야옹이는 앞 사람의 의자를 발로 찹니다.

4 다음 그림을 보고, 문장에 알맞은 말을 찾아 ○표 해 보세요.

야옹이가 표를

| 끊어요. | 주워요. |

야옹이가 음료수를

| 엎질러요. | 마셔요. |

지키면 안전해요

낱말쏙쏙

🌸 **인터폰**
한 건물 안에서 서로 연락하려고 만든 전화를 뜻해요.

안전하게 생활하기 위해서는 꼭 지켜야 할 약속이 있어요.
먼저 에스컬레이터를 탈 때는 어른과 함께 타요.
계단을 뛰지 않고 노란 안전선 안쪽에 가만히 서서 올라가야 해요.

승강기를 탈 때는 문에 기대어 서지 않아야 해요.
또, 문에 물건이나 옷이 끼이지 않도록 조심해야 하지요.
승강기 안에서 뛰거나 단추를 가지고 장난을 치지 않아야 해요.
움직이던 승강기가 갑자기 멈추게 되면
인터폰으로 연락하고 침착하게 기다려야 해요.

찻길을 건널 때는 횡단보도나 육교로 건너야 해요.
신호등의 초록 불이 깜박깜박하면
건너지 않고 다음 초록 불을 기다려야 하지요.
횡단보도를 건널 때는 오른쪽, 왼쪽을 살펴보고 건너요.

자전거나 인라인스케이트를 탈 때는 정해진 곳이나
안전한 곳에서 **안전모**와 무릎 보호대를 잘 갖추고 타야 해요.
약속을 지키지 않으면 위험한 사고가 나거나
다른 사람에게 불편을 줄 수 있다는 것을 잊지 마세요.

🌸 안전모　낱말쏙쏙
운동을 하거나 일을 할 때
머리를 보호하려고 쓰는
모자를 뜻해요.

지키면 안전해요

49

글의 내용을 생각하면서 문제를 풀어 보세요.

1 에스컬레이터와 승강기를 바르지 <u>않게</u> 이용한 친구를 찾아 ○표 해 보세요.

2 자전거나 인라인스케이트를 탈 때의 모습으로 바르지 <u>않은</u> 것을 찾아 ○표 해 보세요.

(   )   (   )

3 거리에서 안전하게 행동한 친구는 누구인가요? 그림을 보고, 모두 찾아 ◯ 표 해 보세요.

육교로 건너요.

신호등의 초록 불이 깜박이면 빨리 건너요.

좌우를 살피면서 횡단보도를 건너요.

(   )

(   )

(   )

4 글쓴이가 하고 싶은 말은 무엇인가요? 보기 에서 알맞은 낱말을 찾아 ☐ 안에 써 보세요.

다른 사람에게 ☐☐ 을

주지 않고,

☐☐ 하게 생활하기 위해서

약속을 꼭 지켜야 해요.

보기   안전   불편

낱말의 뜻을 생각하면서 문제를 풀어 보세요.

위치를 나타내는 말 익히기

1 다음 그림에서 왼쪽에 있는 물건을 모두 찾아 ◯표 해 보세요.

조사 '나'와 '이나' 익히기

2 두 낱말을 이어 주는 알맞은 말을 찾아 ⬚ 안에 색칠해 보세요.

• 미끄럼틀

| 나 | 이나 |

• 시소

• 횡단보도

| 나 | 이나 |

• 육교

3 다음 문장에 어울리는 낱말을 찾아 (   ) 안에 ◯표 해 보세요.

> 에스컬레이터를 탈 때는 노란 안전선 안쪽에
> (가만히 / 가까이) 서서 올라가요.

> 움직이던 승강기가 (천천히 / 갑자기) 멈추게 되면
> 인터폰으로 연락하고 침착하게 기다려요.

4 다음 그림을 보고, 빈칸에 공통으로 들어갈 알맞은 말을 찾아 색칠해 보세요.

에스컬레이터를 _____ .

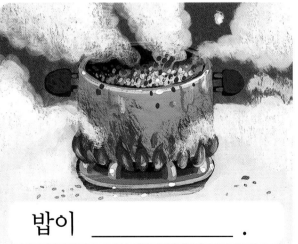

밥이 _____ .

내려요   타요

음식점도 우리 집처럼

낱말쏙쏙

❀ 눈치

남의 마음이나 일이 벌어지는 형편을 재빨리 알아차리는 힘을 뜻해요.

아빠가 오랜만에 피자를 먹으러 가자고 했어요.

찬이는 신이 나서 엄마, 아빠를 쫄래쫄래 따라갔어요.

가게에 도착한 찬이는 돌아다니면서 이것저것을 구경하고서는

엄마, 아빠가 계시는 식탁으로 달려가다가,

그만 피자를 든 종업원 누나랑 '꽝' 하고 부딪히고 말았어요.

"엄마, 배고파! 피자는 언제 나와? 응? 언제 나오냐고?"

큰 소리에 놀란 엄마가 가게 안 다른 손님들의 **눈치**를 살핍니다.

"애가 도대체 왜 그래? 조금만 더 기다리라니까."

주문한 음식이 나오자마자
"아작아작, 후루룩, 꿀꺽꿀꺽."
찬이는 피자와 스파게티, 음료수까지 정신없이 먹어 댔습니다.
피자는 먹다 남기고, 스파게티는 흘리고, 음료수는 엎질렀습니다.
"엄마, 이제 배불러요. 그만 먹을래요."
찬이가 말하는 순간, 입안에서 씹고 있던 음식물이
우두두두 튀어나와 식탁 위로 흩어졌어요.
엄마는 찬이가 어질러 놓은 식탁을 치우느라 바쁩니다.
아빠는 그만 **입맛**이 뚝 떨어져 버린 표정이었습니다.

> 낱말쏙쏙
> 🌸 **입맛**
> 먹고 싶은 느낌, 또는 어떤
> 맛을 좋아하는 버릇을 뜻
> 해요.

55

글의 내용을 생각하면서 문제를 풀어 보세요.

1 이 글은 어디에서 있었던 일인가요? 알맞은 그림을 찾아 ◯표 해 보세요.

놀이 공원   미술관   음식점

(   )   (   )   (   )

2 찬이는 음식이 나오기 전에 어떻게 하였나요? 찬이가 한 행동이 <u>아닌</u> 것에 ◯표 해 보세요.

3 찬이가 음식을 먹으면서 어떻게 하였나요? 찬이가 한 행동을 바르게 말한 친구를 모두 찾아 ◯표 해 보세요.

음식을 흘렸어요.

( )

음식을 조용히 먹었어요.

( )

음식을 먹으면서 말을 했어요.

( )

4 음식점에서 지켜야 할 규칙으로 알맞은 것을 모두 찾아 색칠해 보세요.

> 뛰어다니거나 장난을 치지 않아요.

> 음식을 먹으면서 말을 하지 않아요.

> 배가 고프면 음식을 빨리 달라고 보채요.

낱말의 뜻을 생각하면서 문제를 풀어 보세요.

추상적인 말 익히기

1 다음 중에서 '눈치를 살피다.'와 어울리는 그림을 찾아 ( ) 안에 ○표 해 보세요.

(   )   (   )

흉내 내는 말 익히기

2 다음 그림을 보고, 알맞은 흉내 내는 말을 찾아 색칠해 보세요.

후루룩
꼬르륵

꿀꺽꿀꺽
날름날름

문장 부호 익히기

❸ 다음 문장을 읽고, 알맞은 문장 부호를 보기 에서 찾아 쓰세요.

엄마 ☐☐ 배고파 ☐☐ 피자는 언제 나와 ☐☐

보기   ,   .   ?   !

서술어 익히기

❹ 다음 그림을 보고, 서로 어울리는 말을 바르게 연결해 보세요.

피자를   •   •   비우다.

음료수를   •   •   남기다.

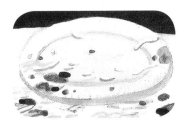
접시를   •   •   엎지르다.

미술관 가는 날

미술관으로 견학을 다녀왔습니다.
매표소 앞에는 많은 사람들로 붐볐습니다.
그러나 줄을 서서 차례차례 들어가자 금방 들어갈 수 있었습니다.
입구에 들어서자마자 탑 모양의 텔레비전 작품이 보였습니다.
선생님께서 백남준의 '다다익선'이라는 작품이고,
무려 1003대의 텔레비전으로 만들어졌다고 설명해 주셨습니다.
텔레비전으로 이런 작품을 만들다니
참 **기발하다**는 생각이 들었습니다.

 기발하다 낱말쏙쏙
생각이 놀라울 만큼 재치가
있고 뛰어나다는 뜻이에요.

60

낱말쏙쏙

❀ **훼손**

물건을 함부로 다루어 깨지거나 상해서 못 쓰게 만드는 것을 뜻해요.

빙글빙글 통로를 따라 여러 전시실을 둘러보았습니다.
한 전시실에서 친구들이 조각상을 만지려고 하자
선생님께서 전시물을 손으로 만지면
작품이 **훼손**되기 때문에 만지면 안 된다고 하셨습니다.
그리고 전시물을 볼 때는 다른 사람들에게
방해가 되지 않도록 조용히 해야 한다고 하셨습니다.
나오는 길에 잔디밭에서 각자 싸 온 간식을 먹었습니다.
쓰레기를 분류하여 버리자 선생님께서 칭찬해 주셨습니다.
질서를 잘 지키는 것은 다른 사람들의 기분까지
좋게 하는 일이라는 것을 깨달았습니다.

글의 내용을 생각하면서 문제를 풀어 보세요.

1 글쓴이는 어디로 견학을 다녀왔나요? 알맞은 곳을 찾아 (　　　) 안에 ○ 표 해 보세요.

도서관

(　　　　　)

미술관

(　　　　　)

동물원

(　　　　　)

2 글쓴이가 견학할 때 질서를 잘 지킨 행동은 무엇인가요? 바르게 말하지 <u>않</u>은 친구를 찾아 (　　　) 안에 ○ 표 해 보세요.

쓰레기를
분류하여
버린 거야.

(　　　　　)

줄을 서서
차례차례
들어간 거야.

(　　　　　)

멋지다며
조각상을
만지려고 한 거야.

(　　　　　)

3 글쓴이가 견학을 하며 본 것에는 ○표, 들은 것에는 △표를 해 보세요.

탑 모양의 텔레비전 작품이 보였다.

매표소 앞에는 많은 사람들로 붐볐다.

'다다익선'은 1003대의 텔레비전으로 만들어졌다.

다른 사람들에게 방해가 되지 않도록 조용히 관람해야 한다.

4 글쓴이가 견학을 다녀와서 느낀 점은 무엇인가요? 바르게 말한 것을 찾아 색칠해 보세요.

미술관으로 현장 체험 학습을 다녀왔어요.

탑 모양으로 쌓아올린 텔레비전 작품을 보았어요.

질서를 잘 지키는 것은 다른 사람들의 기분까지 좋게 하는 일이라는 것을 깨달았어요.

낱말의 뜻을 생각하면서 문제를 풀어 보세요.

흥내 내는 말 익히기

1 다음 그림을 보고, 알맞은 흥내 내는 말을 찾아 색칠해 보세요.

빙글빙글
꼬물꼬물

반대되는 표현 익히기

2 다음 그림을 보고, 밑줄 친 낱말과 반대되는 뜻의 낱말을 찾아 ◯표 해 보세요.

꾸지람
↕
(나무람 / 칭찬)

한산하다
↕
(붐비다 / 한적하다)

문장 바꾸어 쓰기

3 보기 와 같이 주어진 문장을 바꾸어 써 보세요.

보기   멋진 조각상 ➡ 조각상이 [멋지다].

기발한 생각 ➡ 생각이 [   ].

같은 낱말의 여러 가지 뜻 익히기

4 다음 그림을 보고, [ ] 안에 공통으로 들어갈 말을 보기 에서 찾아 써 보세요.

고개를 [   ].

감기가 [   ].

사진을 [   ].

나무를 [   ].

보기   찍다   들다

'다지기 마당'은 이번 마당에서 읽은 글을 다시 한 번 읽어 보면서 독해력과 어휘력을 다지는 시간입니다. 글과 문제를 꼼꼼히 읽고, 알맞은 답을 찾아 보세요.

❀ 다음 글을 읽고, 물음에 답해 보세요.

오늘은 토요일. 야옹이가 엄마와 영화관에 왔어요.
자리에 앉은 야옹이는 팝콘과 음료수를 먹기 시작합니다.
"어. 나쁜 놈을 물리쳐야지. 뭐하는 거야?"
야옹이는 영화를 보는 내내 큰 소리로 떠듭니다.
그리고 야옹이는 앞 사람의 의자를 '쿵쿵' 발로 찹니다.
"이런 게 어디 있어?" 야옹이는 벌떡 일어섭니다.
그때, 먹고 있던 팝콘과 음료수를 앞 사람에게 엎지릅니다.
"죄송합니다. 죄송합니다."
몇 번을 사과한 후 엄마와 야옹이는
더 이상 영화를 보지 못하고 나옵니다.

1 야옹이가 영화관에서 한 행동이 <u>아닌</u> 것을 찾아 ○표 해 보세요.

의자에 바르게 앉아 영화를 봤어요.	

영화를 보는 내내 큰 소리로 떠들었어요.	

2 다음 문장에 어울리는 낱말을 찾아 (   ) 안에 ○표 해 보세요.

야옹이는 앞 사람의 의자를 (쿵쿵 / 붕붕) 발로 찹니다.

🌸 다음 글을 읽고, 물음에 답해 보세요.

안전하게 생활하기 위해서는 꼭 지켜야 할 약속이 있어요.
먼저 에스컬레이터를 탈 때는 어른과 함께 타요.
계단을 뛰지 않고 노란 안전선 안쪽에 가만히 서서 올라가야 해요.
승강기를 탈 때는 문에 기대어 서지 않아야 해요.
또, 문에 물건이나 옷이 끼이지 않도록 조심해야 하지요.
승강기 안에서 뛰거나 단추를 가지고 장난을 치지 않아야 해요.
움직이던 승강기가 갑자기 멈추게 되면
인터폰으로 연락하고 침착하게 기다려야 해요.

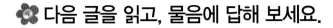

③ 에스컬레이터와 승강기를 안전하게 타기 위해서 꼭 지켜야 할 약속으로 알맞은 것을 찾아 ○표 해 보세요.

승강기 안에서 뛰거나 단추를 가지고 장난을 쳐요.	
엘리베이터 손잡이 밖으로 손이나 얼굴을 내밀어요.	
승강기 문에 물건이나 옷이 끼이지 않도록 조심해요.	

④ 다음 중 '어른'이 <u>아닌</u> 사람은 누구인가요? 알맞은 것을 찾아 색칠해 보세요.

아기　　엄마　　아빠　　할머니

🌸 **다음 글을 읽고, 물음에 답해 보세요.**

아빠가 오랜만에 피자를 먹으러 가자고 했어요.
찬이는 신이 나서 엄마, 아빠를 쫄래쫄래 따라갔어요.
가게에 도착한 찬이는 돌아다니면서 이것저것을 구경하고서는
엄마, 아빠가 계시는 식탁으로 달려가다가,
그만 피자를 든 종업원 누나랑 '꽝' 하고 부딪히고 말았어요.
"엄마, 배고파. 피자는 언제 나와? 응? 언제 나오냐고?"
큰 소리에 놀란 엄마가 가게 안 다른 손님들의 눈치를 살핍니다.
"얘가 도대체 왜 그래? 조금만 더 기다리라니까."

5 찬이가 한 행동으로 바르지 **못한** 것을 모두 찾아 색칠해 보세요.

배가 고프다고 엄마에게 큰 소리로 보챘어요. ☐

신이 나서 엄마, 아빠를 쫄래쫄래 따라갔어요. ☐

가게를 돌아다니면서 이것저것을 구경했어요. ☐

6 다음 그림을 보고, 알맞은 말을 찾아 (　　　) 안에 ◯표 해 보세요.

찬이가 말하는 순간,
(입안에서 / 입안을) 씹고 있던
음식물이 우두두두 튀어나왔어요.

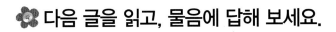

🌸 다음 글을 읽고, 물음에 답해 보세요.

미술관으로 견학을 다녀왔습니다.
매표소 앞에는 많은 사람들로 붐볐습니다.
그러나 줄을 서서 차례차례 들어가자 금방 들어갈 수 있었습니다.
입구에 들어서자마자 탑 모양의 텔레비전 작품이 보였습니다.
선생님께서 백남준의 '다다익선'이라는 작품이고,
무려 1003대의 텔레비전으로 만들어졌다고 설명해 주셨습니다.
텔레비전으로 이런 작품을 만들다니 참 기발하다는 생각이 들었습니다.

7 글쓴이가 본 것에는 〇표, 들은 것에는 △표, 생각한 것에는 ☐표를 해 보세요.

입구에 들어서자마자 탑 모양의 텔레비전이 보였습니다.	☐
선생님께서 백남준의 '다다익선'이라는 작품이라고 설명해 주셨습니다.	☐
텔레비전으로 이런 작품을 만들다니 참 기발하다는 생각이 들었습니다.	☐

8 빈칸에 들어갈 알맞은 말을 보기 에서 찾아 각각 써 보세요.

미술관 ____ 견학 ____ 다녀왔습니다.

보기   을   를   로   으로

규칙을 지켜요

가위바위보를 하여 먼저 도착하는 놀이예요.

🌸 우리가 지켜야 할 규칙을 알아보면서 놀이해 보아요.

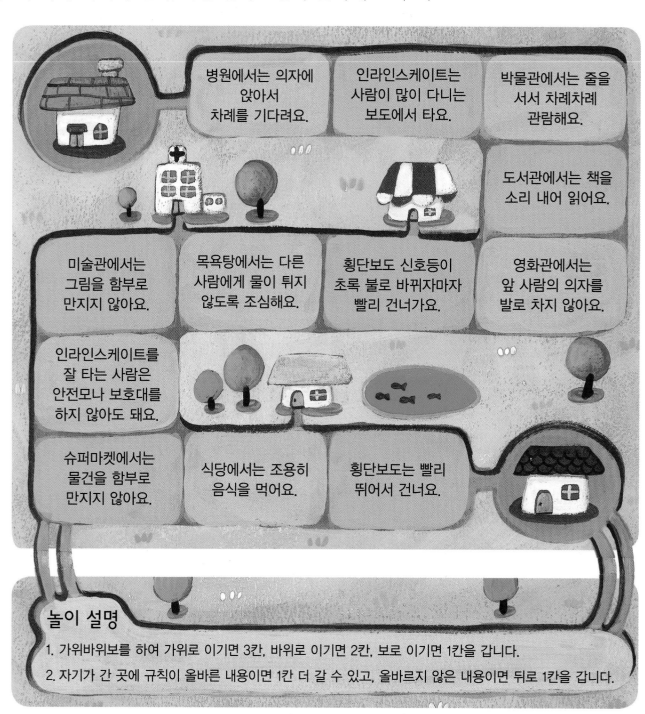

병원에서는 의자에 앉아서 차례를 기다려요.

인라인스케이트는 사람이 많이 다니는 보도에서 타요.

박물관에서는 줄을 서서 차례차례 관람해요.

도서관에서는 책을 소리 내어 읽어요.

미술관에서는 그림을 함부로 만지지 않아요.

목욕탕에서는 다른 사람에게 물이 튀지 않도록 조심해요.

횡단보도 신호등이 초록 불로 바뀌자마자 빨리 건너가요.

영화관에서는 앞 사람의 의자를 발로 차지 않아요.

인라인스케이트를 잘 타는 사람은 안전모나 보호대를 하지 않아도 돼요.

슈퍼마켓에서는 물건을 함부로 만지지 않아요.

식당에서는 조용히 음식을 먹어요.

횡단보도는 빨리 뛰어서 건너요.

놀이 설명

1. 가위바위보를 하여 가위로 이기면 3칸, 바위로 이기면 2칸, 보로 이기면 1칸을 갑니다.

2. 자기가 간 곳에 규칙이 올바른 내용이면 1칸 더 갈 수 있고, 올바르지 않은 내용이면 뒤로 1칸을 갑니다.

여러 가지 교통안전 표지

교통안전 표지는 우리들이 안전한 생활을 하도록 도와주어요. 여러 가지 교통안전 표지에 대해 알아보아요.

어린이 보호

어린이들을 안전하게 지키기 위하여
차가 다니지 못하게 하거나 조심해서
다녀야 한다는 것을 알리는 표지입니다.

위험

지나가면 위험한 일이 일어날 수
있다는 것을 알리는 표지입니다.

자전거 전용 도로

자전거만 다닐 수 있다는 것을
알리는 표지입니다.

보행자 전용 도로

차는 다니지 못합니다.
걸어서 다니는 사람만을 위한
도로라는 것을 알리는 표지입니다.

신기한 우리 몸

"셋째 마당에서는 우리 몸에 대한 여러 가지 글을
읽어 볼 거예요.
자기 자랑을 늘어놓는 감각 기관들을 만나고,
우리 몸이 어떻게 커지는지도 알아보아요.
또, 하품이나 방귀 등 우리 몸에서 일어나는 현상과
손을 씻어야 하는 까닭에 대해서도 알아보아요.
주어진 글을 모두 읽고 나면
우리 몸에 대해 좀 더 잘 알게 될 거예요."

부모님께

셋째 마당에서 다루고 있는 '신기한 우리 몸'은
초등 1학년 슬기로운 생활 영역의 대주제 중 하
나인 '몸 살펴보기'와 연관되어 있습니다. 이 주
제는 몸을 관찰하고, 감각 기관의 이름과 하는 일
을 익히는 활동입니다. '몸'은 아이들에게 매우 친
숙하면서도 과학적으로는 어려운 주제입니다. 교
재 학습과 더불어 아이가 자기 몸과 다른 사람의
몸을 살펴보고, 우리 몸에서 일어나는 여러 가지
현상에 대해서도 관심을 갖도록 지도해 주세요.

마당길잡이

교과영역	바른 생활	✔ 슬기로운 생활	즐거운 생활

순서	글감 제목	글감 내용	이렇게 읽어요
첫째 날	내가 가장 중요해! (이야기)	몸의 감각 기관들이 늘어놓는 자기 자랑을 통해 감각 기관이 하는 일을 알아보아요.	대화 내용에 집중하며 읽어요.
둘째 날	날마다 자라요 (설명하는 글)	갓난아기로 태어난 우리가 어떻게 커지고 있는지 알아보아요.	중요한 내용을 정리하며 읽어요.
셋째 날	이것이 궁금해요 (설명하는 글)	우리 몸에서 일어나는 재미있는 현상들에 대해 알아보아요.	질문과 대답을 잘 연결하며 읽어요.
넷째 날	손을 깨끗이! (편지)	손이 들려주는 이야기를 통해 손을 깨끗이 씻어야 하는 까닭을 알아보아요.	손이 하고 싶은 말이 무엇인지 살펴보며 읽어요.
다섯째 날	다지기 마당	앞에서 공부한 내용을 다시 한 번 확인해 보아요.	
	놀이 마당	손그림자 놀이를 해 보아요.	
	정보 마당	우리 몸에서 음식이 소화되는 과정을 알아보아요.	

내가 가장 중요해!

캄캄한 밤, 준오의 몸에서 다툼이 일어났어요.

"내가 없으면 아무것도 볼 수 없어.

이 밤처럼 늘 앞이 캄캄할 거야. 그러니까 내가 가장 중요해!"

눈을 커다랗게 **부릅뜨고** 눈이 말했어요.

"쳇, 보는 것보다 숨 쉬는 게 훨씬 중요해.

나는 숨도 쉬고, 온갖 냄새도 맡을 수 있어."

콧구멍을 벌름거리며 코가 말했어요.

그러자 입을 삐죽거리며 입이 말했어요.

"입으로도 숨을 쉴 수 있어.

게다가 나는 음식을 먹는 중요한 일까지 한단 말이야."

> **낱말쏙쏙**
>
> 🌸 **부릅뜨고**
> (부릅뜨다)
> 눈을 크고 무섭게 뜬다는 말
> 이에요.

74

"너희들이 잘난 체하는 소리를 듣고 있는 게 누구니?
내가 없으면 너희들이 아무리 떠들어 대도 소용없어."
귀를 쫑긋 세우며 귀가 말했어요.
"쯧쯧, 몸을 보호하고 있는 게 누군지 아니?
바로 나, 피부야. 나는 나쁜 병균을 막아 주고,
더위와 추위를 느끼며 몸의 온도를 조절해 주지."
털을 **곤두세우며** 피부가 말했어요.
"그만 해. 난 너희들에게 일을 시키고, 전달을 받는 뇌야.
내가 생각하기엔 너희 모두가 똑같이 중요해!"
뇌의 말을 듣고 눈, 코, 입, 귀, 피부는
부끄러워하며 입을 꾹 다물었어요.

낱말쏙쏙
✿곤두세우며
(곤두세우다)
꼿꼿하게 일으켜 세운다는
뜻이에요.

75

1 준오가 잠든 캄캄한 밤에 어떤 일이 일어났나요? 바르게 말한 친구를 찾아
( ) 안에 ◯표 해 보세요.

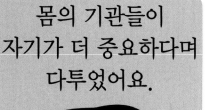

| 몸의 기관들이 자기가 더 중요하다며 다투었어요. | 몸의 기관들이 서로를 칭찬하는 말을 했어요 | 몸의 기관들이 준오에 대한 불만을 말하였어요. |

( ) ( ) ( )

2 피부는 어떤 일을 하나요? 알맞은 것을 모두 찾아 ◯표 해 보세요.

나쁜 병균을 막아 주어요.

뇌에게 일을 시켜요.

잠을 자게 해 주어요.

몸의 온도를 조절해 주어요.

3 다음 그림과 같은 기관들은 어떤 일을 하나요? 바르게 연결해 보세요.

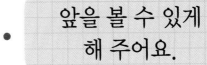
앞을 볼 수 있게 해 주어요.

소리를 들을 수 있게 해 주어요.

음식을 먹고, 숨을 쉴 수 있게 해 주어요.

냄새를 맡고, 숨을 쉴 수 있게 해 주어요.

4 뇌는 눈, 코, 입, 귀, 피부에게 어떤 말을 했나요? 바르게 말한 것을 찾아 색칠해 보세요.

너희 모두는 나보다 중요하지 않아.

너희 모두가 똑같이 중요해.

낱말의 뜻을 생각하면서 문제를 풀어 보세요.

동음이의어 익히기

1 다음 세 친구는 어떤 낱말의 뜻을 말하고 있습니다. 세 친구가 공통으로 말하고 있는 낱말을 찾아 ◯표 해 보세요.

입이나 코로 공기를 들이마셨다 내보냈다 하는 걸 뜻해.

음식이 상해서 맛이 시금하게 변한 걸 뜻해.

지치고 힘들 때 몸을 편안하게 하는 걸 뜻해.

눕다   쉬다   참다

명사형 낱말 익히기

2 주어진 낱말을 보기 와 같이 고쳐 써 보세요.

보기

다투다 ➡ 다툼

• 기쁘다 ➡ [   ]   • 슬프다 ➡ [   ]

3 다음 두 문장 사이에 어떤 말이 들어가야 할까요? 알맞은 말을 골라 ◯표 해 보세요.

> 입으로도 숨을 쉴 수 있어.
> (더욱더 / 게다가) 나는 음식을 먹는 중요한 일까지 해.

4 다음 몸의 기관과 관련 있는 표현을 보기 에서 찾아 써 보세요.

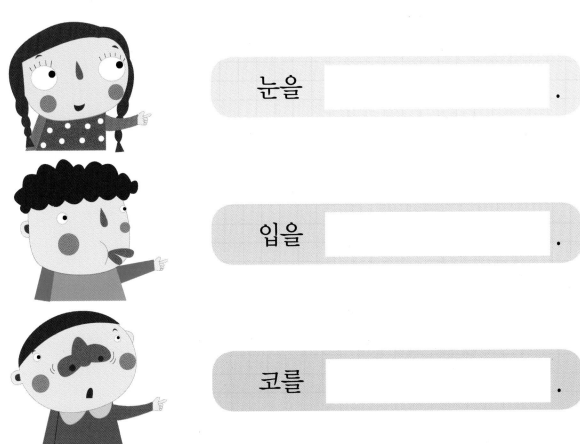

눈을 [   ].

입을 [   ].

코를 [   ].

보기   부릅뜨다   벌름거리다   삐죽거리다

둘째날
글을 읽어요

날마다 자라요

"엄마, 옷이 작아져서 입을 수가 없어요."

"옷이 작아진 게 아니라 네가 큰 거지."

그래요, 키뿐만 아니라 머리와 손발도 커졌을 거예요.

우리는 어떻게 커지고 있는 것일까요?

우리의 몸속에는 뼈와 근육이 있어요.

뼈는 우리의 몸을 이루는 **기둥**이에요.

뼈가 있어서 똑바로 설 수도 있고,

걷거나 달릴 수도 있는 것이에요.

또, 뼈는 뇌와 심장 등을 보호해 주지요.

낱말쏙쏙

✿ 기둥
어떤 것의 중심이 되는 것을 빗대어 이르는 말이에요.

근육은 뼈와 뼈 사이를 연결해 주어요.
근육이 있어서 우리가 마음대로 움직일 수 있는 것이에요.
그런데 뼈와 근육은 아주 작은 **세포**들로 이루어져 있어요.
뼈와 근육을 이루는 세포들이 점점 많아지기 때문에
우리의 몸이 날마다 조금씩 커지는 것이에요.
그러면 우리는 계속 쑥쑥 자랄까요?
아니에요. 대부분 스무 살 때부터는 거의 자라지 않아요.
왜냐하면, 뼈가 아주 단단해지고,
세포들이 더 이상 많아지지 않기 때문이랍니다.

낱말쏙쏙
🌸 세포
생물체를 이루는 가장 작은
단위를 가리키는 말이에요.

글의 내용을 생각하면서 문제를 풀어 보세요.

1 아기 때 입었던 옷을 지금은 입을 수 없는 까닭은 무엇인가요? 알맞은 그림을 찾아 (   ) 안에 ○표 해 보세요.

옷이 줄어들었기 때문이야.

(   )

내가 커졌기 때문이야.

(   )

2 우리의 몸을 이루는 기둥은 무엇이라고 했나요? 바르게 말한 친구를 찾아 (   ) 안에 ○표 해 보세요.

우리의 몸을 이루는 기둥은 뼈예요.

(   )

우리의 몸을 이루는 기둥은 털이에요.

(   )

우리의 몸을 이루는 기둥은 근육이에요.

(   )

3 뼈와 근육은 어떤 일을 하나요? 알맞은 것을 모두 찾아 바르게 연결해 보세요.

뼈

근육

뼈와 뼈 사이를
연결해 주어요.

뇌와 심장 등을
보호해 주어요.

마음대로 움직일 수
있게 해 주어요.

우리 몸이 똑바로
설 수 있게 해 주어요.

4 이 글을 읽고, 알게 된 사실은 무엇인가요? 바르게 말한 것을 찾아 ⌣ 안
에 색칠해 보세요.

우리는 언제까지나 계속 자라요.

뼈가 아주 단단해지면 키가 쑥쑥 자라요.

뼈와 근육을 이루는 세포들이 많아져서 자라는 거예요.

낱말의 뜻을 생각하면서 문제를 풀어 보세요.

1 다음 두 그림을 모두 나타내는 말은 무엇인가요? 알맞은 말을 찾아 색칠해 보세요.

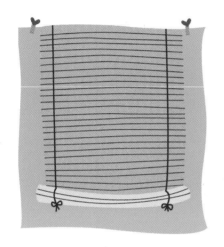 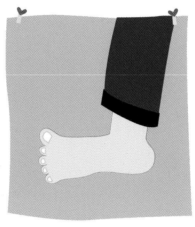

발

손

2 다음 그림을 보고, 알맞은 흉내 내는 말을 찾아 바르게 연결해 보세요.

달리다

걷다

서다

3 다음 낱말을 어떻게 늘어놓아야 알맞은 문장이 될까요? 순서대로 번호를 써 보세요.

1 우리는   2 커질까요?   3 어떻게   (　,　,　)

1 언제까지   2 자랄까요?   3 우리는   (　,　,　)

4 다음 그림을 보고, 보기 에서 알맞은 말을 찾아 써 보세요.

허수아비가

[　　　　　] 서 있어요.

로봇이

[　　　　　] 움직여요.

보기   거꾸로   똑바로   마음대로

셋째날
글을 읽어요

이것이 궁금해요

아~함! 하품은 왜 할까요?
하품은 졸리거나 **따분할** 때
저절로 입이 크게 벌어지면서 숨을 깊이 쉬는 일이에요.
하품을 하는 것은 몸속으로 공기를 많이 들여보내
정신을 맑게 해 주기 위해서랍니다.

> 낱말쏙쏙
> 🌸 **따분할**
> (따분하다)
> 재미가 없고 심심하다는 뜻
> 이에요.

뿌~웅! 방귀는 왜 뀔까요?
우리가 음식을 먹을 때 공기도 같이 들어가
몸속에서 가스가 만들어진답니다.
이 가스가 똥구멍 밖으로 나오는 것이 바로 방귀랍니다.

86

뻘뻘! 땀을 왜 흘릴까요?

우리 몸은 늘 일정한 온도를 **유지**해야 해요.

그래서 날씨가 덥거나 운동을 해서 몸에 열이 나면

땀을 흘려서 열을 내보내는 것이랍니다.

쿨쿨! 잠을 자면서 왜 꿈을 꿀까요?

꿈은 자는 동안에 깨어 있을 때처럼

여러 가지를 보고, 듣고, 느끼는 것이에요.

잠잘 때에도 뇌는 깨어 있기 때문에 꿈을 꾸는 것이랍니다.

낱말쏙쏙

❀ 유지

어떤 상태를 그대로 이어 가는 것을 뜻하는 말이에 요.

글의 내용을 생각하면서 문제를 풀어 보세요.

1 하품을 하고 있는 사람은 누구인가요? 알맞은 모습을 찾아 (   ) 안에 ◯표 해 보세요.

(   )   (   )   (   )

2 땀을 흘리는 경우는 언제인가요? 알맞은 그림을 모두 찾아 ◯표 해 보세요.

3 자는 동안에 꿈을 꾸는 까닭은 무엇인가요? 바르게 말한 친구를 찾아 (　　　) 안에 〇표 해 보세요.

눈이 계속
움직이기
때문이에요.

(　　　　　)

뇌가 계속 깨어
있기 때문이에요.

(　　　　　)

코와 입이 계속
숨을 쉬기
때문이에요.

(　　　　　)

4 이 글을 읽고, 알 수 <u>없는</u> 것은 무엇인가요? 알맞은 것을 찾아 〇 안에 색칠
해 보세요.

하품이 나오는 까닭 〇

방귀를 뀌는 까닭

땀을 흘리는 까닭 〇

잠을 자는 까닭 〇

꿈을 꾸는 까닭 〇

낱말의 뜻을 생각하면서 문제를 풀어 보세요.

상태를 나타내는 말 익히기

1 다음 중 '따분해하는' 친구는 누구인가요? 알맞은 그림을 찾아 ○표 해 보세요.

흉내 내는 말 익히기

2 다음은 어떤 모양이나 소리를 흉내 낸 말인가요? 보기 에서 알맞은 것을 찾아 번호를 써 보세요.

보기

① 방귀가 나오는 소리
② 땀을 몹시 흘리는 모양
③ 하품을 하는 모양 또는 그 소리
④ 잠을 깊이 자면서 숨을 크게 쉬는 소리 또는 그 모양

• 아함 ➡ (   )   • 뿌웅 ➡ (   )

• 뻘뻘 ➡ (   )   • 쿨쿨 ➡ (   )

3 다음 그림과 글을 보고, 서로 관계있는 것끼리 바르게 연결해 보세요.

감기에 걸렸어요.

졸음이 쏟아졌어요.

하품이 나왔어요.

몸에 열이 났어요.

4 다음 문장에 어울리는 낱말을 찾아 (   ) 안에 〇표 해 보세요.

하품은 (억지로 / 저절로) 입이 벌어지는 거예요.

우리 몸의 온도는 (늘 / 가끔) 일정해요.

손을 깨끗이!

서현이에게

서현아, 안녕? 난 너의 손이야.

너에게 꼭 부탁하고 싶은 말이 있어.

바로 나를 깨끗이 씻어 달라는 거야.

사람은 손으로 **온갖** 것을 만지잖아.

그래서 손에는 병균이 참 많이 묻는단다.

병균은 병을 일으킬 수 있는 아주 작은 벌레야.

그러니 손을 씻지 않으면 어떻게 되겠니?

손으로 음식을 먹을 때 병균이 몸속으로 들어가서

여러 가지 병에 걸릴 수 있단다.

낱말쏙쏙

✿ 온갖

여러 가지 많은 것을 가리키는 말이에요.

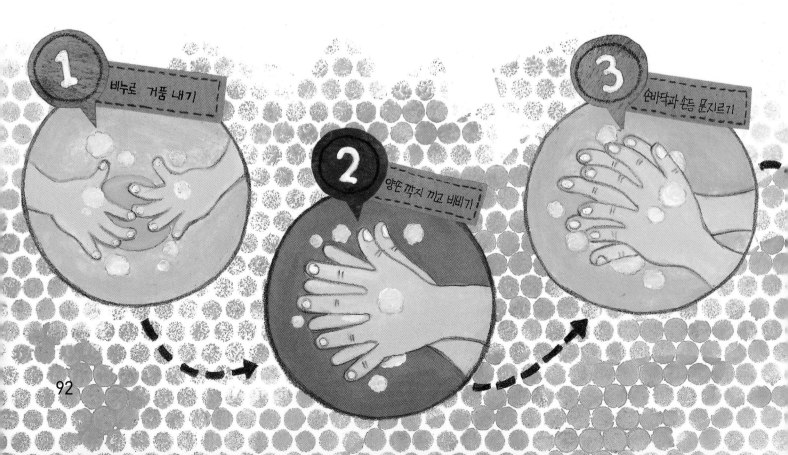

1 비누로 거품 내기

2 양손 깍지 끼고 비비기

3 손바닥과 손등 문지르기

밖에 나갔다 돌아온 뒤나 애완동물과 놀고 난 뒤,
볼일을 보고 난 뒤나 음식을 먹기 전에는
꼭 손을 씻어야 해.
네가 손을 씻지 않는 것은 아니지만,
손을 **대충** 씻으면 병균이 없어지지 않는단다.
손에 묻은 병균을 없애려면, 비누를 골고루 묻혀서
손바닥, 손등, 손가락 하나하나, 손톱까지 박박 닦고,
흐르는 물에 깨끗이 헹구어야 해. 알았지?
이제부터는 손 씻기를 잘하리라고 믿어.

    늘 깨끗한 모습으로 너와 함께 있고 싶은 손이

낱말쏙쏙

✿ 대충
꼼꼼하게 하지 않고 그냥 하
는 흉내만 낸다는 뜻이에요.

도망가자

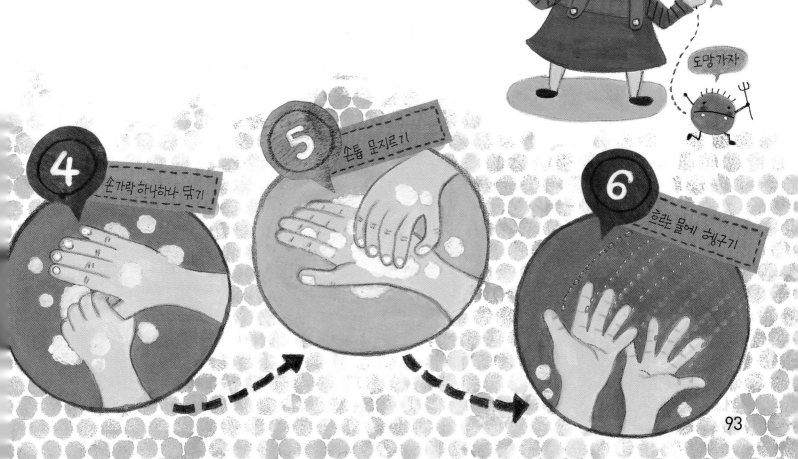

4 손가락 하나하나 닦기

5 손톱 문지르기

6 흐르는 물에 헹구기

글의 내용을 생각하면서 문제를 풀어 보세요.

1 더러운 손으로 음식을 먹으면 어떤 일이 일어날 수 있나요? 알맞은 모습을 찾아 ◌ 안에 색칠해 보세요.

살이 찔 수 있어요.

병에 걸릴 수 있어요.

2 손을 꼭 씻어야 하는 경우는 언제인가요? 알맞은 경우를 모두 찾아 ◯표 해 보세요.

볼일을 보기 전	
음식을 먹기 전	
애완동물과 놀고 난 뒤	
밖에 나갔다가 집으로 돌아온 뒤	

3 병균을 없애려면 손을 어떻게 씻어야 할까요? 그림과 글을 보고, 차례에 맞게 ◯ 안에 번호를 써 보세요.

• 비누를 골고루 묻혀요.

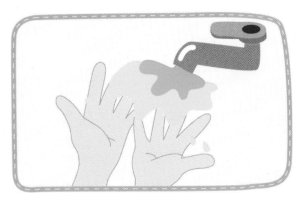

• 흐르는 물에 깨끗이 헹구어요.

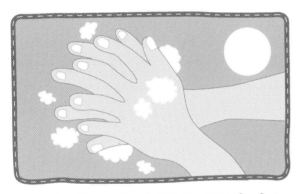

• 손바닥과 손등을 문질러요.

• 각각의 손가락과 손톱을 닦아요.

4 손이 서현이에게 꼭 하고 싶은 말은 무엇인가요? 바르게 말한 것을 찾아 색칠해 보세요.

장갑을 꼭 껴 줘.

손을 깨끗이 씻어 줘.

더러운 것을 만지지 말아 줘.

낱말의 뜻을 생각하면서 문제를 풀어 보세요.

1 다음 손 그림을 보고, 각 부분의 이름을 보기 에서 찾아 써 보세요.

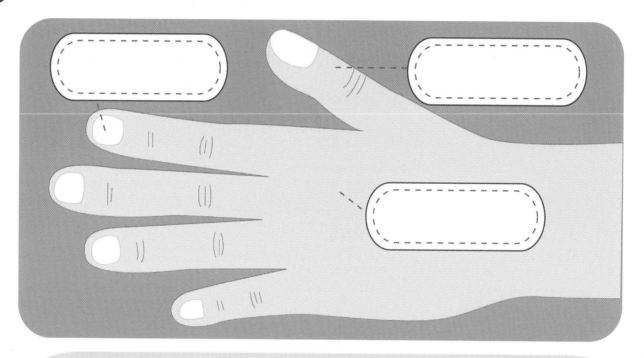

보기   손톱   손등   손바닥   손가락

2 다음 중 빨래를 '헹구는' 그림을 찾아 (   ) 안에 ○표 해 보세요.

(   )   (   )   (   )

알맞은 부사어 익히기

3 다음 그림을 보고, □ 안에 들어갈 알맞은 말을 찾아 색칠해 보세요.

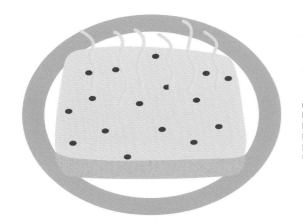

떡에 팥을

| 대충 | 골고루 | 묻혔어요.

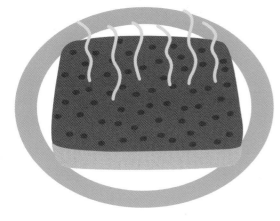

떡에 팥을

| 대충 | 골고루 | 묻혔어요.

부정문 익히기

4 보기 와 같이 주어진 문장을 바꾸어 써 보세요.

보기   손을 씻지 않아요. → 손을   안 씻어요   .

• 음식을 먹지 않아요.   → 음식을 [   ].

• 동물을 키우지 않아요.   → 동물을 [   ].

다지기 마당

'다지기 마당'은 이번 마당에서 읽은 글을 다시 한 번 읽어 보면서 독해력과 어휘력을 다지는 시간입니다. 글과 문제를 꼼꼼히 읽고, 알맞은 답을 찾아 보세요.

❀ 다음 글을 읽고, 물음에 답해 보세요.

"너희들이 잘난 체하는 소리를 듣고 있는 게 누구니?
내가 없으면 너희들이 아무리 떠들어 대도 소용없어."
귀를 쫑긋 세우며 귀가 말했어요.
"쯧쯧, 몸을 보호하고 있는 게 누군지 아니?
바로 나, 피부야. 나는 나쁜 병균을 막아 주고,
더위와 추위를 느끼며 몸의 온도를 조절해 주지."
털을 곤두세우며 피부가 말했어요.

1️⃣ 피부가 하는 일로 알맞은 것을 모두 찾아 ⬡ 안에 색칠해 보세요.

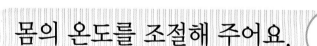

소리를 들어요. ◯

몸의 온도를 조절해 주어요. ◯

나쁜 병균을 막아 주어요. ◯

2️⃣ 다음 그림에서 털을 '곤두세운' 모습을 찾아 ◯표 해 보세요.

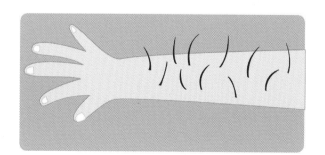

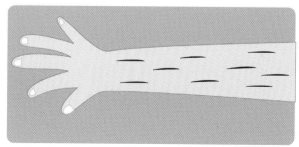

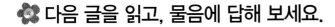 다음 글을 읽고, 물음에 답해 보세요.

근육은 뼈와 뼈 사이를 연결해 주어요.

근육이 있어서 우리가 마음대로 움직일 수 있는 것이에요.

그런데 뼈와 근육은 아주 작은 세포들로 이루어져 있어요.

뼈와 근육을 이루는 세포들이 점점 많아지기 때문에

우리의 몸이 날마다 조금씩 커지는 것이에요.

그러면 우리는 계속 쑥쑥 자랄까요?

아니에요. 대부분 스무 살 때부터는 거의 자라지 않아요.

왜냐하면, 뼈가 아주 단단해지고,

세포들이 더 이상 많아지지 않기 때문이랍니다.

3 우리의 몸이 커지는 것은 무엇과 무엇을 이루는 세포들이 점점 많아지기 때문인가요? ⬚ 안에 알맞은 말을 찾아 써 보세요.

⬚⬚ 와 ⬚⬚

4 '단단해'와 반대되는 말은 무엇인가요? 알맞은 말을 찾아 ( ) 안에 ◯ 표 해 보세요.

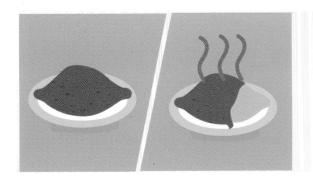

안 익은 고구마는 단단해.
↕
익은 고구마는
(둥글둥글해. / 물렁물렁해.)

✿ 다음 글을 읽고, 물음에 답해 보세요.

뻘뻘! 땀을 왜 흘릴까요?

우리 몸은 늘 일정한 온도를 유지해야 해요.

그래서 날씨가 덥거나 운동을 해서 몸에 열이 나면

땀을 흘려서 열을 내보내는 것이랍니다.

쿨쿨! 잠을 자면서 왜 꿈을 꿀까요?

꿈은 자는 동안에 깨어 있을 때처럼

여러 가지를 보고, 듣고, 느끼는 것이에요.

잠잘 때에도 뇌는 깨어 있기 때문에 꿈을 꾸는 것이랍니다.

5 땀을 흘리는 까닭은 무엇인가요? 바르게 말한 것을 찾아 ◯표 해 보세요.

잠을 푹 자기 위해서예요.	
기분 좋은 꿈을 꾸기 위해서예요.	
우리 몸의 온도를 유지하기 위해서예요.	

6 잠든 상태에서 벗어나는 것을 무엇이라고 하나요? 알맞은 말을 찾아 색칠해 보세요.

자다   꾸다   깨다

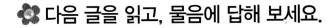 다음 글을 읽고, 물음에 답해 보세요.

> 서현아, 안녕? 난 너의 손이야.
> 너에게 꼭 부탁하고 싶은 말이 있어.
> 바로 나를 깨끗이 씻어 달라는 거야.
> 사람은 손으로 온갖 것을 만지잖아.
> 그래서 손에는 병균이 참 많이 묻는단다.
> 병균은 병을 일으킬 수 있는 아주 작은 벌레야.
> 그러니 손을 씻지 않으면 어떻게 되겠니?
> 손으로 음식을 먹을 때 병균이 몸속으로 들어가서
> 여러 가지 병에 걸릴 수 있단다.

7 손이 서현이에게 부탁한 것은 무엇인가요? 알맞은 것을 찾아 ◯표 해 보세요.

● 손을 깨끗이 씻어 줘.	☐
● 손으로 음식을 집어 먹지 말아 줘.	☐
● 손으로 온갖 것을 만지지 말아 줘.	☐

8 '씻다'와 바꾸어 쓸 수 있는 말은 무엇인가요? 알맞은 말을 찾아 ◯표 해 보세요.

닦다   쓰다   만지다

놀이마당

손 그림자놀이
손으로 여러 가지 모양을 만들어 보는 놀이예요.

❀ '손 그림자'란 빛이 손에 가려서 생기는 그림자를 말해요. 어두운 곳에서 전등을 켜 놓고 손 그림자놀이를 해 보세요.

독수리
양 손을 엇갈리게 해서 엄지손가락을 서로 걸어요. 열 손가락을 쫙 펴서 움직이면 날개를 펄럭이는 모습이 되지요.

토끼
왼쪽 손의 약손가락과 가운뎃손가락을 펴서 토끼의 두 귀를 만들고, 나머지 손가락은 가지런히 모아 토끼의 얼굴과 눈을 만들어요. 오른쪽 손을 손목 부분에 가져다 대고, 집게손가락과 가운뎃손가락을 살짝 구부려 앞발을 표현해요.

달팽이
한쪽 손의 집게손가락과 가운뎃손가락을 펴서 더듬이를 만들어요. 다른 손은 주먹을 쥐어서 달팽이 껍데기처럼 손등에 얹어요.

음식이 소화되는 과정

'소화'란 삼킨 음식을 몸속에서 잘게 부수는 과정을 말해요. 우리 몸속에서 음식이 소화되는 과정을 알아보아요.

입
이로 음식물을 씹어서 잘게 부수고, 침과 골고루 섞어서 삼켜요.

식도
입에서 삼킨 음식물을 위로 보내요.

위
오그라들었다 늘어났다 하면서 음식물을 죽과 같은 상태로 만들어요.

십이지장
위와 작은창자 사이에서 음식물의 소화를 도와요.

작은창자
음식물을 소화시키고, 영양분을 빨아들여요.

큰창자
주로 물을 빨아들이고, 찌꺼기를 똥으로 만들어요.

메모

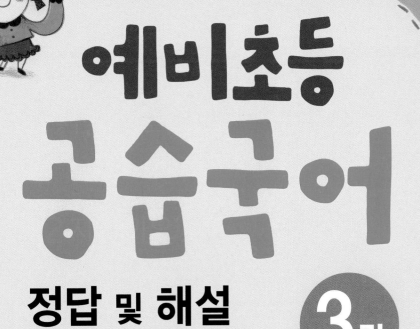

예비초등 공습국어

정답 및 해설

3권

정답을 따로 떼어 내어 보관하고,
학습 지도 시 사용해 주세요.

12-13 쪽

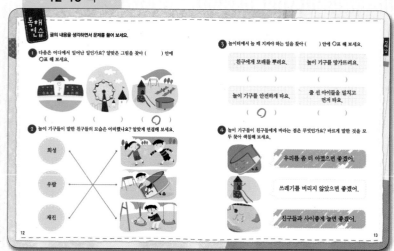

1. 글의 공간적 배경을 파악하는 문제입니다. 이 글은 밤에 아이들이 모두 집으로 돌아간 텅 빈 놀이터에서 생긴 일에 대해 쓴 이야기입니다. 아이가 글의 내용을 잘 떠올리며 문제를 풀 수 있도록 지도해 주세요.

2. 중심인물이 하는 말의 내용을 정확하게 파악하는 문제입니다. 그네는 희성이가 위험하게 그네를 타는 것에 대하여, 회전판은 우람이가 회전판을 부숴 버린 일에 대하여, 모래밭은 재진이가 하윤이에게 모래를 뿌린 일에 대하여 말하였습니다. 중심인물이 말한 부분을 다시 읽고, 내용을 정확하게 파악할 수 있도록 지도해 주세요.

3. 글의 내용을 정확하게 이해하는 문제입니다. 인물의 하는 말과 행동을 살펴보면 인물이 어떤 생각을 하는지 알 수 있습니다. 놀이 기구들은 친구들이 놀이 기구 위험하게 타기, 줄 선 아이들 밀치고 먼저 타기, 놀이 기구 망가뜨리기, 친구에게 모래를 뿌리기 등의 행동이 바르지 않다고 생각합니다. 아이가 직접적으로 드러나지 않은 내용도 잘 이해할 수 있도록 지도해 주세요.

4. 글의 중심 생각을 이해하는 문제입니다. 이 글은 친구들이 놀이 기구를 좀 더 아끼고, 친구와 사이좋게 놀면 좋겠다는 놀이 기구의 생각을 통해 놀이터에서 친구들과 놀 때 지켜야 할 일에 대해 알려 줍니다. 아이가 글의 의도를 정확하게 이해할 수 있도록 지도해 주세요.

14-15 쪽

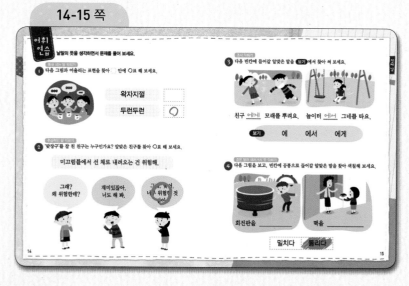

1. 흉내 내는 말의 뜻을 정확하게 이해하는 문제입니다. '두런두런'은 여럿이 나직한 목소리로 가만가만 이야기하는 소리, 또는 그 모양을 흉내 내는 낱말입니다. 글에서 '두런두런'이 어떤 부분에 쓰였는지 찾아 읽어 보고, 여럿이 한 곳에 모여 시끄럽게 마구 떠드는 소리, 또는 그 모양을 흉내 내는 낱말인 '왁자지껄'과의 차이를 알 수 있도록 지도해 주세요.

2. 추상적인 낱말의 뜻을 정확하게 이해하는 문제입니다. '맞장구'는 남의 말에 그렇다고 덩달아 말하는 것을 뜻합니다. 아이가 맞장구의 의미를 정확하게 이해할 수 있도록 지도해 주세요.

3. 알맞은 조사를 찾아 쓰는 문제입니다. '에게'는 사람이나 동물 뒤에 붙어 제한된 범위를 나타내고, '에서'는 장소를 나타냅니다. 주어진 문장 외에 '유찬이에게, 강아지에게, 거실에서, 학교에서'와 같이 '에게'와 '에서'를 넣어 다른 여러 문장도 만들 수 있도록 지도해 주세요.

4. 같은 말이 여러 가지 뜻을 가지는 동음이의어를 찾는 문제입니다. '돌리다'는 '한자리에서 빙글빙글 움직이거나 동그라미를 그리면서 움직이게 하다.'와 '물건을 여러 사람한테 나누어 준다.'는 뜻의 낱말입니다. 각 그림의 내용을 잘 살펴보고, 알맞은 낱말을 고를 수 있도록 합니다.

18-19 쪽

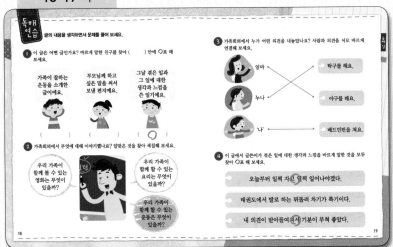

1. 글의 종류를 파악하는 문제입니다. 이 글은 그날 겪은 일과 그 일에 대한 생각이나 느낌을 솔직하게 쓴 일기입니다. 일기에는 날짜, 날씨, 있었던 일과 생각이나 느낌이 들어갑니다. 아이가 일기를 쓰는 과정에 대해 알 수 있도록 지도해 주세요.

2. 글의 중심 사건을 파악하는 문제입니다. 가족회의를 여신 아빠가 "우리 가족이 함께 할 수 있는 운동은 무엇이 있을까?"라고 말씀하시고, 나머지 가족들은 각자 의견을 내놓습니다. 아이가 글의 내용을 정확하게 파악하고 문제를 풀 수 있도록 지도해 주세요.

3. 중심인물의 생각을 파악하는 문제입니다. 가족이 함께 할 수 있는 운동으로 엄마는 야구를, 누나는 탁구를, 글쓴이는 배드민턴을 치자고 말하였습니다. 아이가 글의 내용을 잘 떠올리며 문제를 해결할 수 있도록 지도해 주세요.

4. 글의 중심 생각을 이해하는 문제입니다. '일찍 자고 일찍 일어나야겠다.'는 것과 '기분이 무척 좋았다.'는 가족회의를 하고 나서의 생각과 느낌을 나타냅니다. 하지만 '뒤돌려 차기가 특기이다.'는 단순한 사실을 이야기한 것에 불과합니다. 생각이나 느낌이 단순한 사실과 다르다는 것을 이해할 수 있도록 지도해 주세요.

20-21 쪽

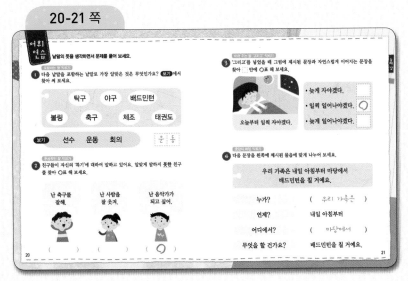

1. 포함 관계에 있는 낱말을 이해하는 문제입니다. '운동'은 정해진 규칙에 따라 몸이나 기구를 써서 기록을 내거나 승패를 가리는 것을 뜻하는 낱말입니다. 제시된 운동 외에도 검도, 유도, 역도, 씨름 등의 예가 있습니다. 아이가 보다 큰 의미를 가진 낱말과 그것에 포함되는 낱말을 구별할 수 있도록 지도해 주세요.

2. 추상적인 낱말의 뜻을 정확하게 이해하는 문제입니다. '특기'는 특별히 잘하는 재주와 능력을 뜻하는 낱말입니다. 주어진 그림에서 세 번째 아이는 특기가 아니라 장래 희망에 대하여 말하고 있습니다. 아이가 자신의 특기가 무엇인지를 말하도록 함으로써 특기가 무엇인지 자연스럽게 이해할 수 있도록 지도해 주세요.

3. 이어 주는 말인 '그리고' 뒤에 오는 문장을 찾아보는 문제입니다. '그리고'는 대등한 두 문장을 나란히 놓을 때 쓰입니다. 먼저 앞 문장의 내용을 살펴본 후 대등하게 연결되는 뒤 문장을 찾아보게 합니다. 이것을 어려워하는 아이는 '그리고'를 넣은 후 각 문장을 이어 읽었을 때 자연스럽게 읽히는 것을 고를 수 있도록 지도해 주세요.

4. 문장의 짜임을 알아보는 문제입니다. 길고 복잡하게 나열된 문장을 누가, 언제, 어디에서, 무엇을 할 것인지로 나누어 일목요연하게 정리할 수 있습니다.

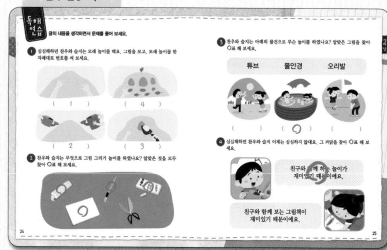

1. 인물이 한 행동을 순서대로 정확하게 파악하는 문제입니다. 심심해하던 찬우와 슬지는 '모래 쌓기→물을 뿌려 모래 다지기→모양 만들고 구멍 파기→모양 꾸미기' 차례로 모래 놀이를 합니다. 그림을 보고, 무엇을 하는 모습인지 먼저 알아본 후 차례대로 번호를 쓰도록 합니다. 아이가 어려워하면 이 문제와 관련된 부분을 다시 한 번 꼼꼼히 읽을 수 있도록 지도해 주세요.

2. 글의 내용을 정확하게 파악하는 문제입니다. 찬우와 슬지는 도화지, 물감, 크레파스, 붓, 물통을 가지고 그림을 그립니다. 아이가 문제를 잘 풀지 못하면 이 문제와 관련된 부분을 다시 한 번 읽고, 문제를 풀 수 있도록 지도해 주세요.

3. 글의 내용을 정확하게 파악하는 문제입니다. 찬우와 슬지는 통, 튜브, 물안경, 오리발을 가지고 물놀이를 합니다. 아이가 글의 내용을 떠올리며 문제를 풀 수 있도록 지도해 주세요.

4. 글의 중심 생각을 이해하는 문제입니다. 주어진 글은 여러 놀이를 하는 인물들을 통해 놀이의 즐거움을 알려 주는 이야기입니다. 아이가 이야기 속의 인물이 되어 놀이의 즐거움을 느낄 수 있도록 하고, 글의 의도를 정확하게 이해할 수 있도록 지도해 주세요.

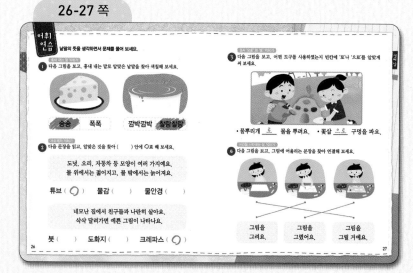

1. 흉내 내는 말의 뜻을 정확하게 이해하는 문제입니다. '송송'은 작은 구멍이 많이 뚫린 모양을, '찰랑찰랑'은 가득 찬 물이 물결을 이루면서 넘칠 듯이 조금씩 흔들리는 소리, 또는 그 모양을 흉내 내는 낱말입니다. 그리고 '폭폭'은 작은 물건으로 자꾸 찌르거나 박거나 쑤시는 모양을, '깜박깜박'은 눈을 잠깐 감았다가 뜨는 모양을 흉내 내는 낱말입니다.

2. 수수께끼의 답을 찾는 문제입니다. 수수께끼는 상상력과 추리력을 키우는 활동입니다. 튜브는 여러 가지 모양으로 물 위에서는 공기를 넣어 팽팽해지고, 물 밖에서는 공기를 빼 쭈그러듭니다. 크레파스는 네모난 상자에 여러 색깔의 크레파스가 함께 들어 있습니다. "이것이 왜 정답일까?"라는 질문을 통해 사물을 자세히 관찰하고, 제시된 낱말을 다양한 방법으로 표현할 수 있도록 지도해 주세요.

3. 조사 '으로'와 '로'를 써 보는 문제입니다. '으로'와 '로'는 수단이나 도구를 나타내는 말입니다. '으로'는 받침 있는 낱말 뒤에 붙고, '로'는 받침 없는 낱말 뒤에 붙는다는 차이점이 있습니다.

4. 시간을 나타내는 말을 알아보는 문제입니다. 행동을 끝마쳤거나 어떤 일이 이미 일어났으면 과거, 지금 행동을 하고 있거나 일이 일어나고 있는 중이면 현재, 앞으로 할 행동이거나 일어날 일이면 미래입니다.

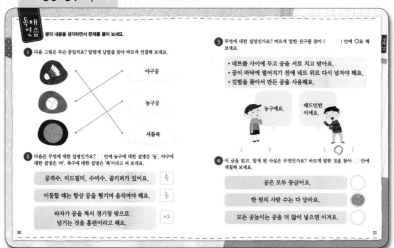

1. 글의 내용을 정확하게 파악했는지 확인하는 문제입니다. 이 글에서 농구공은 까만 줄이 그려진 오돌토돌한 주황색, 야구공은 실로 꿰맨 자국이 있는 하얀색, 배드민턴 공은 깃털을 꽂아서 만든 셔틀콕, 축구공은 검정 하양 조각들이 섞여 있다고 설명하고 있습니다. 아이가 알맞은 답을 고르지 못하면 이 문제와 관련된 부분을 다시 한 번 꼼꼼히 읽을 수 있도록 지도해 주세요.

2. 글의 내용을 이해하고 적용하는 문제입니다. 공격수, 미드필더, 수비수, 골키퍼는 축구에 있고, 이동할 때 항상 공을 튕기며 움직여야 하는 것은 농구, 홈런은 야구에 있는 것입니다. 아이가 글을 읽고, 알게 된 사실을 바탕으로 하여 문제를 해결할 수 있도록 지도해 주세요.

3. 글의 내용을 정확하게 파악하는 문제입니다. 배드민턴은 공이 바닥에 떨어지기 전에 네트 위로 다시 넘겨야 하고, 깃털을 꽂아서 만든 셔틀콕을 사용합니다. 아이가 문제를 풀지 못하면 글의 해당 부분을 다시 한 번 읽을 수 있도록 지도해 주세요.

4. 이 글은 여러 공놀이의 특징에 대해 설명한 것으로, 공놀이 종류에 따라 경기 방법, 경기 규칙, 공의 특징이 다르다는 걸 알려 줍니다. 아이가 글의 의도를 정확하게 이해할 수 있도록 지도해 주세요.

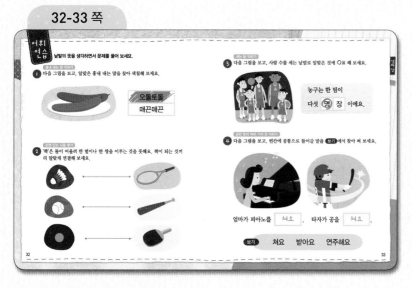

1. 흉내 내는 말의 뜻을 정확하게 이해하는 문제입니다. '오돌토돌'은 거죽이나 바닥이 고르지 않고 여기저기 잘게 불거진 모양을, '매끈매끈'은 거친 데가 없이 매끄럽고 반질반질한 모양을 흉내 내는 말입니다. 아이가 그림을 보며, 이러한 낱말의 뜻을 잘 이해할 수 있도록 지도해 주세요.

2. 추상적인 낱말의 뜻을 정확하게 이해하는 문제입니다. '짝'은 둘이 어울려 한 벌이나 한 쌍을 이루는 것을 뜻합니다. 숟가락과 젓가락, 연필과 지우개, 물감과 붓 등 아이의 주변에서 짝이 되는 것을 찾아보도록 함으로써 '짝'이 무엇인지 자연스럽게 이해할 수 있도록 지도해 주세요.

3. 문장에 어울리는 세는 말을 찾아보는 문제입니다. '명'은 사람을 세는 말입니다. 사람뿐만 아니라 물건에 따라 '마리, 대, 그루, 장' 등 세는 말이 달라진다는 것을 알 수 있도록 지도해 주세요.

4. 같은 말이 여러 가지 뜻을 가지는 동음이의어를 찾는 문제입니다. '치다'는 '손이나 도구로 어떤 것을 때리거나 두드리다.'와 '악기를 두드려 소리를 낸다.'는 뜻의 낱말입니다. 각 그림의 내용을 잘 살펴보고, 알맞은 낱말을 고를 수 있도록 합니다. 아이가 '치다'와 같이 같은 낱말이 여러 가지 뜻으로 쓰일 수 있음을 알 수 있도록 지도해 주세요.

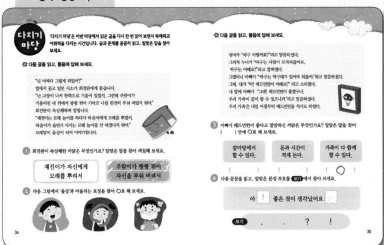

1. 글의 내용을 정확하게 이해하였는지 확인하는 문제입니다. 회전판은 우람이가 고장 난 자신 위에서 쾅쾅 뛰어 자신을 완전히 부숴 버렸다고 말하면서 속상해 합니다. 아이가 문제를 잘 풀지 못하면 회전판이 말한 부분을 다시 한 번 읽고, 내용을 이해할 수 있도록 지도해 주세요.

2. 낱말의 뜻을 정확하게 이해하는 문제입니다. '울상'은 울려고 하는 얼굴 표정을 뜻하는 낱말입니다. 글에서 '울상'이 어떤 부분에 쓰였는지 찾아 읽어 보고, 문제 부분에 있는 그림을 살펴보도록 합니다. 특히 인물들의 표정을 잘 관찰할 수 있도록 지도해 주세요.

3. 글의 내용을 정확하게 이해하는 문제입니다. 아빠는 글쓴이의 가족이 같이 할 수 있어서 배드민턴이 좋다고 말씀하셨습니다. 아이가 문제를 잘 풀지 못하면 이 부분을 다시 한 번 읽고, 내용을 이해할 수 있도록 지도해 주세요.

4. 알맞은 문장 부호를 찾아 쓰는 문제입니다. 부르는 말 뒤에는 '반점(,)'을, 문장 끝에는 '온점(.)'을, 묻는 문장의 끝에는 '물음표(?)'를, 느낌을 나타내는 문장 끝에는 '느낌표(!)'를 씁니다. 아이가 알맞은 문장 부호를 찾아 정확한 위치에 쓸 수 있도록 지도해 주세요.

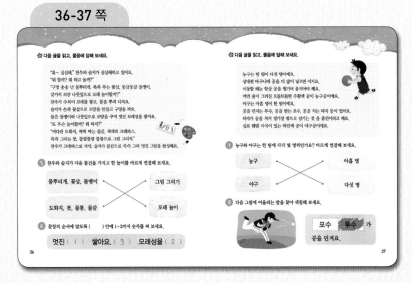

5. 글의 내용을 정확하게 파악하는 문제입니다. 찬우와 슬지는 튜브, 오리발, 물안경을 가지고 물놀이를, 도화지, 붓, 물통, 물감을 가지고 그림 그리기를 합니다. 아이가 관련 있는 부분을 다시 한 번 읽어 보고, 문제를 해결할 수 있도록 지도해 주세요.

6. 3어절로 이루어진 문장의 순서를 익히는 활동입니다. 문장을 여러 번 읽어 자연스럽게 익힐 수 있도록 지도해 주세요.

7. 글의 내용을 정확하게 파악하는 문제입니다. 농구는 다섯 명, 야구는 아홉 명, 축구는 열한 명, 배드민턴은 단식은 한 명, 복식은 두 명이 한 팀입니다. 아이가 농구, 야구, 축구, 배드민턴 경기에서 한 팀이 몇 명인지 관심을 가지고 알 수 있도록 지도해 주세요.

8. 낱말의 뜻을 정확하게 이해하는 문제입니다. '투수'는 야구에서 상대편 타자에게 공을 던지는 선수이고, '포수'는 야구에서 투수가 던지는 공을 받는 선수를 뜻하는 낱말입니다. 그림을 잘 살펴보고, 알맞은 낱말을 찾을 수 있도록 지도해 주세요.

이상한 그림 찾기 놀이
계절과 장소에 어울리지 않은 이상한 그림을 찾는 놀이예요.

🌸 겨울에는 친구들이 어떤 놀이를 할까요? 이상한 그림을 찾아 ◯표 해 보세요.

38

● 이 놀이 마당은 겨울에 즐겨하는 여러 가지 놀이를 보면서 놀이를 하는 모습이 이상하거나 겨울과 어울리지 않는 상황을 찾는 활동입니다.

그림에는 겨울에 주로 하는 여섯 가지 놀이인 연날리기, 팽이치기, 눈싸움, 스케이트 타기, 썰매타기, 눈사람 만들기가 나오는데, 이중 연날리기, 눈싸움, 스케이트 타기에서 조금은 어색한 장면을 볼 수 있습니다.

연날리기에서는 한 아이가 연이 아니라 풍선을 날리고 있고, 눈싸움에서는 한 아이가 눈뭉치가 아닌 야구공을 들고 있습니다. 또한 스케이트 타기에서는 얼음판에서 타는 스케이트가 아니라 롤러브레이드를 신은 아이를 볼 수 있습니다.

먼저 아이에게 그림 속에 어떤 놀이들이 있는지 찾아서 말해 보게 하세요. 그런 다음 각각의 놀이에서 어떤 모습이 이상한지 찾아보게 하세요. 그리고 왜 그 모습이 이상한지 말할 수 있도록 지도해 주세요.

44-45 쪽

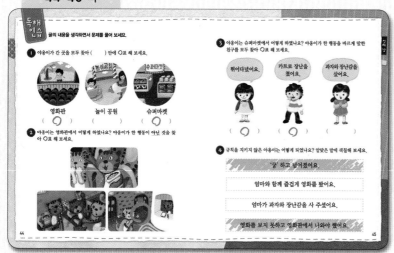

1. 글의 공간적 배경을 파악하는 문제입니다. 공간적 배경이란 이야기가 펼쳐지는 장소를 말합니다. 아이가 주어진 글 속에서 장소를 나타내는 말을 찾을 수 있도록 도와주세요. 그리고 영화관과 슈퍼마켓이 여러 사람이 함께 이용하는 곳인 '공공장소'라는 것을 지도해 주세요.

2. 중심인물의 행동을 파악하는 문제입니다. 야옹이는 영화관에 와서 줄을 서면서 투덜거리고, 영화를 보는 내내 큰소리로 떠들고, 앞 사람의 의자를 발로 찹니다. 그리고 자리에서 일어나다가 먹고 있던 팝콘과 음료수를 앞 사람에게 엎지릅니다. 이러한 행동이 다른 사람들에게 피해를줄 수 있다는 것을 지도해 주세요.

3. 중심인물의 행동을 파악하는 문제입니다. 야옹이는 슈퍼마켓에서 카트로 장난을 치고, 무작정 뛰어다니고, 진열된 물건을 이것저것 만지고 사 달라고 떼를 씁니다. 다른사람들에게 피해를 주는 야옹이의 행동에 대해 생각해볼 수 있도록 지도해 주세요.

4. 글의 중심 생각을 이해하는 문제입니다. 이 글은 여러 사람이 함께 이용하는 곳인 공공장소에서 규칙을 지키지 않으면 다치거나 다른 사람에게 피해를 줄 수 있다는 것에 대해 알려 줍니다. 아이가 글의 의도를 정확하게 이해할 수 있도록 지도해 주세요.

46-47 쪽

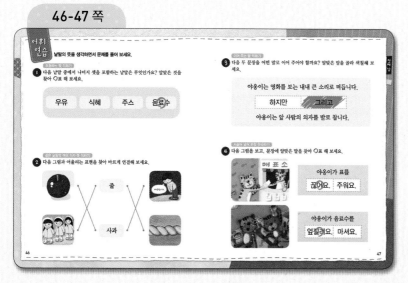

1. 포함 관계에 있는 낱말을 이해하는 문제입니다. '음료수'는목을 축이거나 맛을 즐길 수 있도록 만든 마실 거리를 뜻하는 말입니다. 우유, 식혜, 주스 등은 이러한 음료수의 종류입니다. 아이가 보다 큰 의미를 가진 낱말과 그것에 속하는 종류의 낱말을 구별할 수 있도록 지도해 주세요.

2. 동음이의어를 정확하게 이해하는 문제입니다. '줄'은 사람이 길게 늘어선 것과 무엇을 묶거나 동이는 데 쓸 수 있는가늘고 긴 물건을 뜻하는 말입니다. '사과'는 사과나무의열매와 잘못이나 실수를 저질러서 미안하다고 말하는 것을 뜻하는 말입니다. 각 그림의 내용을 잘 살펴보고, 알맞은 낱말을 고를 수 있도록 합니다.

3. 알맞은 이어 주는 말을 찾아보는 문제입니다. '하지만'은서로 반대되는 상황인 두 문장을 이어 주는 말이고, '그리고'는 대등한 두 문장을 이어 주는 말입니다. 이어 주는말의 뜻을 정확하게 이해시키기보다 아이가 각각의 이어주는 말을 넣어 두 문장을 읽어 보고, 자연스럽게 읽히는것을 고를 수 있도록 지도해 주세요.

4. 서술어를 넣어 문장을 완성하는 문제입니다. '끊다'는 원래'이어진 것을 잘라 따로 떨어지게 하다.'는 뜻을 가진 낱말입니다. 영화표나 기차표 등을 발행할 때 '끊다'는 낱말을사용하는 것은 예전에 영화표나 기차표 등을 발행할 때잘라서 주었기 때문입니다.

1. 글의 내용을 정확하게 파악하는 문제입니다. 엘리베이터를 탈 때는 계단을 뛰지 않고 노란 안전선 안쪽에 가만히 서서 올라가야 하고, 승강기를 탈 때는 문에 기대어 서지 않아야 합니다. 주어진 그림을 보고 에스컬레이터와 승강기를 안전하게 이용하는 방법을 알 수 있도록 지도해 주세요.

2. 글의 내용을 정확하게 파악하는 문제입니다. 자전거나 인라인스케이트를 탈 때는 전용 도로나 공원에서 속도를 많이 내지 말고 안전모, 무릎이나 팔꿈치 보호대 등의 보호 장구를 잘 갖추고 타야 합니다. 아이가 그림의 내용을 정확하게 파악하고 문제를 풀 수 있도록 지도해 주세요.

3. 글의 내용을 정확하게 파악하는 문제입니다. 거리에서 안전하게 다니려면 횡단보도나 육교로 건너야 하고 신호등의 초록 불이 깜박이면 건너지 않고 다음 초록 불을 기다려야 합니다. 그리고 횡단보도를 건널 때에도 자동차가 오는지 좌우를 살피면서 건너야 합니다. 아이가 글의 내용을 잘 떠올리며 문제를 해결할 수 있도록 지도해 주세요.

4. 글의 중심 생각을 이해하는 문제입니다. 이 글은 여러 사람이 함께 이용하는 공공장소를 편하고 안전하게 이용하기 위하여 약속을 지켜야 한다고 알려 줍니다. 아이가 글의 의도를 정확하게 이해할 수 있도록 지도해 주세요.

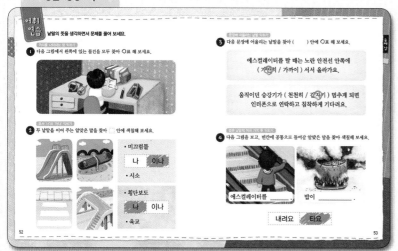

1. 위치를 나타내는 말을 익히는 문제입니다. 오른쪽과 왼쪽은 반대말입니다. '오른쪽에 있는 책 좀 가져다 줄래?', '네 왼쪽에 누가 앉았니?'와 같이 아이를 기준으로 아이 방이나 집 주변에서 물건이나 사람의 위치를 말해 봄으로써 위치를 나타내는 말을 잘 이해할 수 있도록 지도해 주세요.

2. 조사 '나'와 '이나'를 써 보는 문제입니다. '나'와 '이나'는 여러 가지 중에서 어느 것을 선택해도 상관없음을 나타낼 때 쓰입니다. '이나'는 받침 있는 낱말 뒤에 붙고, '나'는 받침 없는 낱말 뒤에 붙는다는 차이점이 있습니다. 문제를 푼 뒤에 '손이나 얼굴', '자전거나 인라인스케이트' 등 여러 가지 예를 들어 아이가 이러한 차이점을 이해할 수 있도록 지도해 주세요.

3. 문장에 어울리는 꾸며 주는 말을 찾아보는 문제입니다. '가만히'는 '움직이거나 말하지 않고 그대로'라는 뜻이고, '갑자기'는 '뜻밖에 불쑥'이라는 뜻입니다. 아이가 각각의 낱말을 넣어서 문장을 읽었을 때 자연스럽게 읽히는 것을 고를 수 있도록 지도해 주세요.

4. 같은 낱말이 여러 가지 뜻을 가지는 동음이의어를 찾는 문제입니다. '타다'는 '탈것에 몸을 싣거나 몸을 실어 옮겨 가는 것'과 '어떤 것이 불에 닿아 새카맣게 되거나 재로 변하다'는 뜻의 낱말입니다. 각 그림의 내용을 잘 살펴보고, 알맞은 낱말을 고를 수 있도록 합니다.

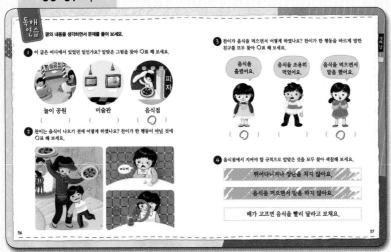

1. 글의 공간적 배경을 파악하는 문제입니다. 공간적 배경이란 이야기가 펼쳐지는 장소를 말합니다. 아이가 주어진 글 속에서 장소를 나타내는 말을 찾을 수 있도록 도와주세요. 그리고 음식점이 여러 사람이 함께 이용하는 곳인 '공공장소'라는 것을 지도해 주세요.

2. 글의 내용을 정확하게 파악하는 문제입니다. 찬이는 음식점을 돌아다니고 뛰어다니다가 다른 사람과 부딪히고 배가 고프다고 큰 소리로 보챕니다. 아이에게 다른 사람이 이런 행동을 본다면 기분이 어떨지에 대해 생각해 보도록 지도해 주세요.

3. 글의 내용을 정확하게 파악하는 문제입니다. 찬이는 음식을 먹는 소리를 크게 내고 음식을 엎지르기도 합니다. 그리고 음식을 먹으면서 말을 하다가 음식이 튀어나오기도 합니다. 이런 행동이 다른 사람들에게 어떤 피해를 줄지 아이가 생각할 수 있도록 지도해 주세요.

4. 글의 중심 생각을 이해하는 문제입니다. 주어진 글은 음식점에서 일어난 일을 통해 음식점에서 지켜야 할 규칙에 대해 알려 주는 이야기입니다. 아이가 이야기 속의 주변 인물이 되어 생각해 보게 하고, 글의 의도를 정확하게 이해할 수 있도록 지도해 주세요.

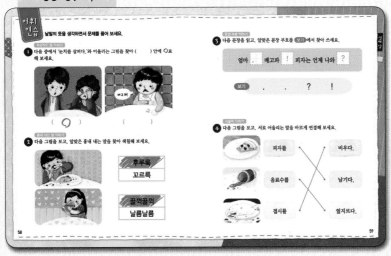

1. 추상적인 낱말의 뜻을 정확하게 이해하는 문제입니다. '눈치'는 남의 마음이나 일이 벌어지는 형편을 재빨리 알아차리는 힘을 뜻하는 낱말로, '눈치를 살피다'는 남의 눈치를 엿본다는 뜻입니다. 주어진 그림을 자세히 살펴보고 문제를 풀면서 아이가 '눈치'가 무엇인지 자연스럽게 이해할 수 있도록 지도해 주세요.

2. 흉내 내는 말의 뜻을 정확하게 이해하는 문제입니다. '후루룩'은 물이나 국수 같은 것을 소리 나게 빨리 들이마시거나 빨아들이는 소리나 모양을, '꿀꺽꿀꺽'은 물이나 음식이 목구멍으로 한꺼번에 많이 넘어가는 소리나 모양을 흉내 내는 낱말입니다. 그리고 '꼬르륵'은 배고플 때 배 속에서 나는 소리를, '날름날름'은 혀나 손 같은 것을 빠르게 내밀었다가 들이는 모양을 흉내 내는 낱말입니다.

3. 알맞은 문장 부호를 찾아 쓰는 문제입니다. 부르는 말 뒤에는 '반점(,)'을, 문장 끝에는 '온점(.)'을, 묻는 문장의 끝에는 '물음표(?)'를, 느낌을 나타내는 문장 끝에는 '느낌표(!)'를 씁니다. 아이가 알맞은 문장 부호를 찾아 정확한 위치에 쓸 수 있도록 지도해 주세요.

4. 알맞은 서술어를 알아보는 문제입니다. '남기다'는 다 쓰거나 다 하지 않고 나머지가 있게 하다는 뜻이고 '엎지르다'는 그릇에 담긴 것을 뒤집어 쏟다는 뜻이며, '비우다'는 어떤 것의 안이나 속에 아무것도 없게 하다는 뜻입니다.

62-63 쪽

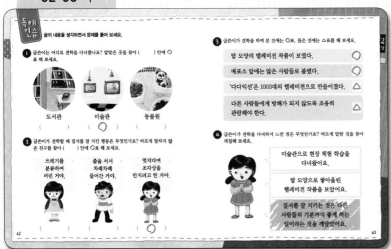

1. 글의 공간적 배경을 파악하는 문제입니다. 아이가 주어진 글 속에서 장소를 나타내는 말을 찾을 수 있도록 도와주세요. 그리고 미술관이 여러 사람이 함께 이용하는 곳인 '공공장소'라는 것을 지도해 주세요.

2. 글의 내용을 이해하고 적용하는 문제입니다. 그림이나 전시물을 손으로 만지면 작품이 부러지거나 찢어지는 등 훼손된다는 선생님의 말을 통해 조각상을 만지려고 한 행동이 잘못된 행동이라는 것을 알 수 있습니다. 아이가 글을 꼼꼼히 읽고, 문제를 해결할 수 있도록 지도해 주세요.

3. 글의 내용을 이해하고 적용하는 문제입니다. 이 글은 미술관에 다녀와서 쓴 견학 기록문으로 본 것, 들은 것, 느낀 것을 구별하여 읽도록 합니다. 아이가 문제를 풀지 못하고 어려워한다면 관련 있는 부분의 앞뒤 문장을 다시 한 번 읽을 수 있도록 지도해 주세요.

4. 글의 중심 생각을 이해하는 문제입니다. 이 글은 공공장소인 미술관에 다녀와서 쓴 견학 기록문입니다. 글쓴이가 미술관에 다녀와서 느낀 것을 통해 아이가 글의 의도를 정확하게 이해할 수 있도록 지도해 주세요.

64-65 쪽

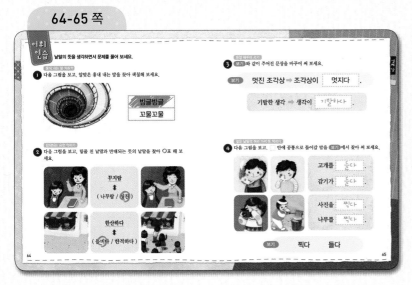

1. 흉내 내는 말의 뜻을 정확하게 이해하는 문제입니다. '빙글빙글'은 자꾸 빙그르르 도는 모양을, '꼬물꼬물'은 작은 동물이 조금씩 느릿느릿 움직이는 모양을 흉내 내는 말입니다. 아이가 그림을 보며, 이러한 낱말의 뜻을 잘 이해할 수 있도록 지도해 주세요.

2. 반대되는 표현을 찾는 문제입니다. '꾸지람'은 윗사람이 아랫사람을 꾸짖는 것이나 꾸짖는 말이고, '칭찬'은 좋은 점이나 착하고 훌륭한 일을 높이 평가하거나 그런 말을 뜻하는 말입니다. 또 '한산하다'는 사람이 없어 조용하고 쓸쓸하다는 뜻이고, '붐비다'는 좁은 곳에 여럿이 뒤섞여서 어지럽게 움직인다는 뜻입니다.

3. 꾸며 주는 말을 서술어로 바꾸어 쓰는 문제입니다. 꾸며 주는 말을 서술어로 바꿀 때에는 'ㄴ'을 빼고 '다'를 붙입니다. 〈보기〉를 잘 보고, 아이가 스스로 바꾸어 쓸 수 있도록 지도해 주세요.

4. 같은 낱말이 여러 가지 뜻을 가지는 동음이의어를 찾는 문제입니다. '찍다'는 그림이나 글 따위가 박혀 나오게 한다는 뜻과 날카로운 도구나 연장으로 힘껏 내리치거나 찌르다는 뜻의 낱말입니다. 또, '들다'는 아래에 있는 것을 위로 올린다는 뜻과 병, 상처, 버릇 들이 생긴다는 뜻의 낱말입니다. 각 그림의 내용을 잘 살펴보고, 알맞은 낱말을 고를 수 있도록 합니다.

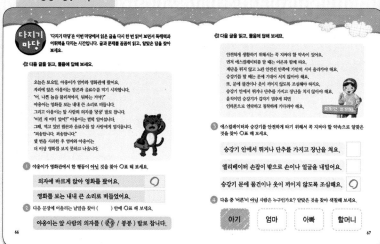

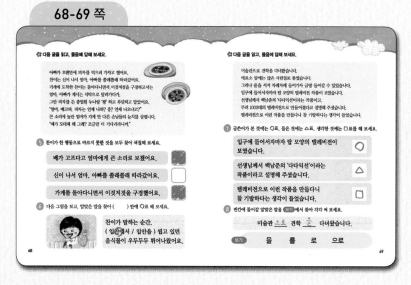

1. 글의 내용을 정확하게 파악하였는지 확인하는 문제입니다. 야옹이는 영화관에 가서 앞 사람의 의자를 '쿵쿵' 발로 차는 등 다른 사람에게 피해를 주는 행동을 합니다. 아이가 문제를 잘 풀지 못하면 글을 다시 한 번 읽고, 문제를 풀 수 있도록 지도해 주세요.

2. 문장에 어울리는 흉내 내는 말을 찾는 문제입니다. '쿵쿵'은 무거운 물건이 바닥에 떨어지거나 부딪혀서 나는 소리를, '붕붕'은 벌 같은 곤충이 날 때 나는 소리를 흉내 내는 말입니다. 야옹이가 앞 사람의 의자를 발로 찰 때 나는 소리이므로 '쿵쿵'이 알맞습니다. 아이가 이러한 낱말의 뜻을 잘 이해할 수 있도록 지도해 주세요.

3. 글의 내용을 정확하게 파악하는 문제입니다. 에스컬레이터 손잡이 밖으로 손이나 얼굴을 내밀거나 승강기 안에서 뛰면 위험합니다. 그리고 승강기의 단추를 가지고 장난을 치면 다른 사람들에게 불편을 줄 수 있습니다. 아이가 약속을 지키지 않으면 위험하거나 다른 사람들에게 불편을 줄 수 있다는 것을 지도해 주세요.

4. 낱말의 뜻을 정확하게 이해하는 문제입니다. '어른'은 다 자란 사람. 자기 행동에 책임을 지고 혼자 살아갈 수 있는 나이가 된 사람을 뜻하는 낱말입니다.

5. 글의 내용을 이해하고 적용하는 문제입니다. 음식점은 여러 사람이 즐겁게 밥을 먹는 곳입니다. 그곳에서 뛰어다니고 큰 소리로 보채거나 돌아다니는 것은 다른 사람들의 식사를 방해하는 행동이라는 것을 알 수 있도록 지도해 주세요.

6. 바른 문장을 익히는 활동입니다. 문장 내에서 '입안에서'와 '씹고 있던'은 호응하는 말입니다. 문장을 여러 번 읽어 자연스럽게 익힐 수 있도록 지도해 주세요.

7. 글의 내용을 이해하고 적용하는 문제입니다. 탑 모양의 텔레비전 작품이 보였다는 것은 본 것, '다다익선'에 대한 설명은 들은 것, 기발하다고 생각한 것은 '다다익선'을 보고 생각한 점입니다. 견학 기록문은 본 것, 들은 것, 느끼거나 생각한 것을 구별하여 읽는다는 것을 지도해 주세요.

8. 조사의 쓰임을 이해하는 문제입니다. 조사 '으로'와 '을'을 써 보는 문제입니다. '으로'와 '로'는 수단이나 도구를 나타내는 말입니다. '으로'는 받침 있는 낱말 뒤에 붙고, '로'는 받침 없는 낱말 뒤에 붙습니다. '을'과 '를'은 어떤 행동의 대상이나 장소임을 나타내는 말입니다. '을'은 받침 있는 낱말 뒤에 붙고, '를'은 받침 없는 낱말 뒤에 붙는 차이점이 있습니다.

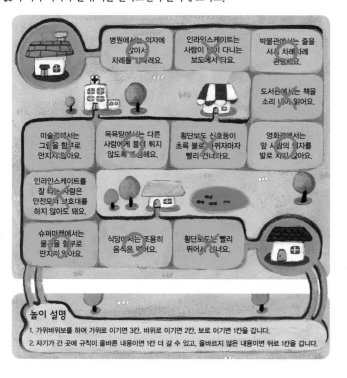

놀이마당

규칙을 지켜요
가위바위보를 하여 먼저 도착하는 놀이예요.

❀ 우리가 지켜야 할 규칙을 알아보면서 놀이해 보아요.

병원에서는 의자에 앉아서 차례를 기다려요.

인라인스케이트는 사람이 많이 다니는 보도에서 타요.

박물관에서는 줄을 서서 차례차례 관람해요.

도서관에서는 책을 소리 내어 읽어요.

미술관에서는 그림을 함부로 만지지 않아요.

목욕탕에서는 다른 사람에게 물이 튀지 않도록 조심해요.

횡단보도 신호등이 초록 불로 바뀌자마자 빨리 건너가요.

영화관에서는 앞 사람의 의자를 발로 차지 않아요.

인라인스케이트를 잘 타는 사람은 안전모나 보호대를 하지 않아도 돼요.

슈퍼마켓에서는 물건을 함부로 만지지 않아요.

식당에서는 조용히 음식을 먹어요.

횡단보도는 빨리 뛰어서 건너요.

놀이 설명

1. 가위바위보를 하여 가위로 이기면 3칸, 바위로 이기면 2칸, 보로 이기면 1칸을 갑니다.

2. 자기가 간 곳에 규칙이 올바른 내용이면 1칸 더 갈 수 있고, 올바르지 않은 내용이면 뒤로 1칸을 갑니다.

● 이 놀이 마당은 놀이를 하면서 자연스럽게 공공장소에서의 규칙을 익히는 활동입니다.

많은 사람들이 함께 이용하는 공공장소를 편하고 안전하게 이용하기 위해서는 규칙을 잘 지켜야 합니다. 그런데 공공장소에 따라 지켜야 할 규칙이 다르므로 주의해야 합니다. 그림에서 ◯표는 올바른 내용을, ✕표는 올바르지 않은 내용을 뜻합니다.

병원에서는 의자에 앉아서 조용히 차례를 기다립니다.
박물관이나 미술관에서는 뛰어다니거나 장난을 치지 않고, 전시물을 함부로 만지지 않습니다.
영화관에서는 영화를 보면서 시끄럽게 떠들지 않고 앞 사람의 의자를 발로 차지 않습니다.
목욕탕에서는 다른 사람에게 물이 튀지 않도록 조심합니다.
도서관에서는 조용히 자리에 앉아 책을 보고 책을 소리 나게 넘기거나 소리 내어 읽지 않습니다.
슈퍼마켓에서는 진열된 물건을 함부로 만지지 않습니다.
인라인스케이트는 보호 장구를 잘 갖춘 후 정해진 곳이나 안전한 곳에서만 탑니다.
횡단보도에서는 초록 불이 켜지면 좌우를 살피고 천천히 건넙니다.

아이가 이러한 점들을 고려하여 놀이를 할 수 있도록 지도해 주세요.

76-77 쪽

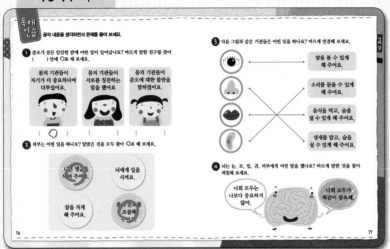

1. 이야기의 중심 사건을 파악하는 문제입니다. 이 글은 캄캄한 밤에 몸의 감각 기관들이 서로 자기가 더 중요하다고 잘난 체를 하며 다투는 내용입니다. 아이가 이야기의 중심이 되는 사건을 제대로 파악할 수 있도록 지도해 주세요.

2. 글의 세부 내용을 이해하는 문제입니다. 피부는 우리 몸을 감싸고 있는 살가죽입니다. 피부가 있어서 나쁜 물질이 몸속으로 들어오지 못하고, 체온이 조절됩니다. 아이가 문제를 잘 해결하지 못하면 피부가 말하는 부분을 다시 한 번 꼼꼼히 읽어 볼 수 있도록 지도해 주세요.

3. 글의 내용을 통해 감각 기관들이 하는 일을 이해하는 문제입니다. 감각 기관이란 눈, 코, 입, 귀, 피부처럼 바깥의 자극을 받아들이고 느끼는 기관을 말합니다. 아이가 감각 기관들이 하는 일을 정확하게 알고 있는지 다시 한 번 확인해 주세요.

4. 글의 중심 생각을 이해하는 문제입니다. 이 글은 감각 기관들이 서로 자기 자랑을 하는 상황을 통하여 감각 기관들이 하는 일을 알려 줍니다. 또, 끝 부분에서 뇌가 하는 말을 통하여 어느 한 가지가 아니라 몸의 기관 모두가 중요하다는 사실을 깨우쳐 줍니다. 아이가 이런 글의 의도를 정확하게 이해할 수 있도록 지도해 주세요.

78-79 쪽

1. 동음이의어에 대한 문제입니다. 이 문제의 정답인 '쉬다'는 '코와 입으로 숨을 들이마셨다가 내보냈다가 하는 것'과 '음식이 상해서 맛이 시금하게 변한 것', 그리고 '지치고 힘들 때 몸을 편안하게 하는 것'을 뜻하는 낱말입니다.

2. 동사나 형용사에 'ㅁ'을 붙여서 명사로 만들어 보는 문제입니다. 아이에게 원리를 설명하기보다 '다투다, 싸우다, 기쁘다, 슬프다'라는 말들에서 '다툼, 싸움, 기쁨, 슬픔'이라는 말들이 나온다는 사실을 자연스럽게 알려 주세요.

3. 알맞은 부사어를 찾아보는 문제입니다. '더욱더'는 '더 심하게' 또는 '더 많이'라는 뜻입니다. '게다가'는 '그뿐 아니라' 또는 '거기에 더해서'라는 뜻입니다. 아이에게 뜻을 설명해 주고, 문장을 이어 읽었을 때 자연스럽게 읽히는 것을 고를 수 있도록 지도해 주세요.

4. 몸과 관련하여 자주 쓰이는 표현을 익히는 문제입니다. '부릅뜨다'는 눈을 크고 무섭게 뜨는 것을 뜻하고, '벌름거리다'는 탄력 있는 것이 부드럽고 넓게 벌어졌다 닫혔다 하는 모양을 뜻하는 말입니다. 그리고 '삐죽거리다'는 비웃거나 못마땅하거나 울려고 할 때 입을 내밀고 실룩이는 모양을 가리킵니다. 아이가 직접 흉내를 내 보며 각 낱말의 뜻을 확실히 이해할 수 있도록 지도해 주세요.

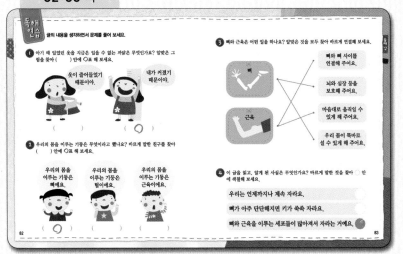

1. 글의 내용을 통해 알게 된 사실을 확인하는 문제입니다. 아기 때 입었던 옷을 지금은 못 입는 까닭은 옷이 줄어들었기 때문이 아니라 우리의 몸이 커졌기 때문입니다. 글의 처음 부분에 나타난 내용을 통해 아이가 주어진 문제를 해결할 수 있도록 지도해 주세요.

2. 글의 내용을 정확하게 이해하는 문제입니다. 우리의 몸속에는 뼈와 근육이 있는데, 그중에서 뼈는 우리의 몸을 이루는 기둥이라고 했습니다. 아이가 이 부분을 정확하게 이해하여 근육이라고 답을 찾지 않도록 지도해 주세요.

3. 글에 나타나 있는 정보를 바르게 파악하는 문제입니다. 이 글에는 뼈와 근육이 하는 일이 설명되어 있습니다. 아이가 문제를 해결하지 못하면 다시 한 번 글을 꼼꼼히 읽으면서 글에 나타나 있는 여러 가지 정보를 정리할 수 있도록 지도해 주세요.

4. 글의 내용을 바르게 이해하는 문제입니다. 우리가 자라는 것은 뼈와 근육을 이루는 세포들이 점점 많아지기 때문입니다. 하지만 계속 자라는 것이 아니라 스무 살 정도까지 자랍니다. 이때가 되면 뼈도 단단해집니다. 아이가 글에서 설명하고 있는 내용을 정확하게 이해할 수 있도록 지도해 주세요.

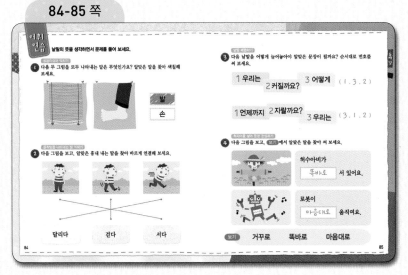

1. 동음이의어에 대한 문제입니다. 첫 번째 그림은 문 위에 드리워 안을 가리는 '발'이라는 물건입니다. 가늘게 쪼갠 대를 엮거나 줄을 여러 가닥 늘어뜨려서 만듭니다. 그리고 두 번째 그림은 우리 몸의 한 부분인 '발'입니다. 아이가 사람의 발은 잘 알고 있지만, 가리개인 '발'에 대해서는 모를 수 있으므로 자세히 설명해 주세요.

2. 움직임을 나타내는 말을 정확하게 구별하는 문제입니다. '서다', '걷다', '달리다'는 모두 몸의 움직임과 관련 있는 말입니다. 아이가 직접 동작을 해 보며 낱말의 뜻을 정확하게 구별할 수 있도록 지도해 주세요.

3. 묻는 문장을 만들어 보는 문제입니다. '우리는 어떻게 커질까요?', '우리는 언제까지 자랄까요?'가 일반적인 순서이지만, '어떻게 우리는 커질까요?', '언제까지 우리는 자랄까요?'도 알맞은 문장입니다. 아이가 자연스럽게 느껴지는 문장으로 만들 수 있도록 지도해 주세요.

4. 알맞은 부사어를 써넣어 문장을 완성하는 문제입니다. '똑바로'는 기울지 않고 곧게 있는 것이고, '마음대로'는 마음이 가는 대로 하는 것입니다. 그리고 '거꾸로'는 위아래나 앞뒤를 바꾼 것입니다. 그림을 잘 살펴보고, 알맞은 낱말을 고를 수 있도록 지도해 주세요.

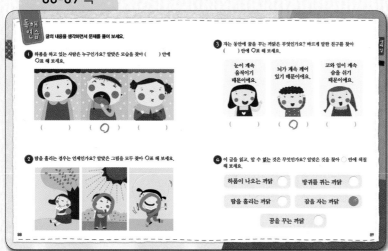

1. 글의 내용을 이해했는지 확인하는 문제입니다. 하품은 저절로 입이 크게 벌어지면서 숨을 깊이 쉬는 일이라고 했습니다. 따라서 입을 크게 벌리고 있는 모습을 찾아야 합니다. 아이가 답을 찾지 못하면 해당하는 부분을 다시 한 번 읽어볼 수 있도록 지도해 주세요.

2. 글의 내용을 정확하게 파악하는 문제입니다. 땀을 흘리는 이유는 몸속의 열을 밖으로 내 보내 체온을 유지하기 위해서입니다. 따라서 몸에 열이 날 수 있는 상황을 찾아야 합니다. 아이가 글을 읽고 알게 된 사실을 바탕으로 하여 문제를 해결할 수 있도록 지도해 주세요.

3. 글에 나타난 정보를 적용하는 문제입니다. 잠잘 때에도 뇌는 깨어 있기 때문에 꿈을 꾼다고 했습니다. 뇌는 생각과 감정, 행동 등을 다스리는 기관입니다. 아이가 글에서 얻은 정보를 기억하며 문제를 해결할 수 있도록 지도해 주세요.

4. 글의 전체 내용을 이해하는 문제입니다. 이 글은 우리 몸에서 일어나는 여러 가지 현상 중 하품을 하는 까닭, 방귀를 뀌는 까닭, 땀을 흘리는 까닭, 꿈을 꾸는 까닭에 대해서 묻고 답하는 형식으로 설명한 글입니다. 아이가 이러한 글의 짜임과 글감을 정확하게 이해할 수 있도록 지도해 주세요.

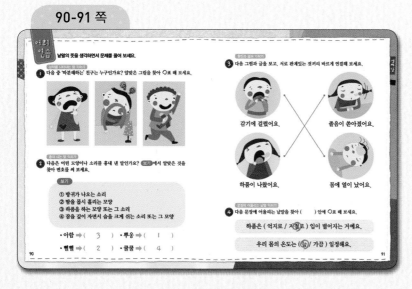

1. 낱말의 뜻을 정확하게 이해하는 문제입니다. '따분하다'는 재미가 없어 지루하고 답답하다는 뜻입니다. 아이가 그림에 나타난 상황을 정확하게 파악하고, 알맞은 답을 찾을 수 있도록 지도해 주세요.

2. 흉내 내는 말의 뜻을 이해하는 문제입니다. 흉내 내는 말은 듣고 보는 사람에 따라 표현이 다를 수 있습니다. 하지만 주어진 것처럼 일반적으로 쓰이는 흉내 내는 말도 많습니다. 아이가 모양이나 소리를 흉내 내면서 낱말의 뜻을 정확히 구별할 수 있도록 지도해 주세요.

3. 원인과 결과를 알맞게 연결하는 문제입니다. 주어진 그림은 감기에 걸려서 열이 나는 상황과 하품이 나와서 졸음이 쏟아지는 상황입니다. 아이가 각 그림의 상황을 정확하게 파악한 뒤에, 인과 관계에 맞게 연결할 수 있도록 지도해 주세요.

4. 문장의 내용에 맞는 부사어를 찾는 문제입니다. '억지로'는 하기 싫은 것을 강제로 하는 것이고, '저절로'는 자기도 모르게 자연스럽게 하게 되는 것입니다. '늘'은 '계속하여 언제나'라는 뜻이고, '가끔'은 '어쩌다가 한 번씩'이라는 뜻입니다. 아이가 문제를 풀면서 주어진 낱말이 서로 반대말이라는 것도 알 수 있도록 지도해 주세요.

1. 글의 내용을 정확하게 파악하는 문제입니다. 글에서 손에는 병균이 많이 묻기 때문에 손을 씻지 않고서 음식을 먹으면 여러 가지 병에 걸릴 수 있다고 했습니다. 아이가 글의 내용을 바탕으로 원인에 따른 결과를 바르게 찾을 수 있도록 지도해 주세요.

2. 글에 나타난 정보를 정확하게 받아들였는지 확인하는 문제입니다. '볼일을 보기 전'이 아니라 '볼일을 보고 난 뒤'에 꼭 손을 씻어야 한다고 했습니다. 아이가 잘못된 부분을 바르게 고칠 수 있는지 확인해 주세요.

3. 글의 내용을 정확하게 이해하는 문제입니다. 글의 끝 부분을 보면 손을 씻는 방법이 자세하게 설명되어 있습니다. 아이가 자기 습관이 아니라 글에 제시된 내용을 바탕으로 하여 문제를 해결할 수 있도록 지도해 주세요. 그리고 제시된 방법처럼 손을 씻는 습관을 갖도록 해 주세요.

4. 글의 중심 생각을 이해하는 문제입니다. 이 글은 편지글의 형식을 빌려 손을 씻어야 하는 까닭, 손을 꼭 씻어야 하는 경우, 손을 씻는 방법 등을 설명한 글입니다. 그리고 글의 바탕에는 손을 깨끗이 씻어야 한다는 당부가 깔려 있습니다. 아이가 글의 의도를 잘 이해할 수 있도록 지도해 주세요.

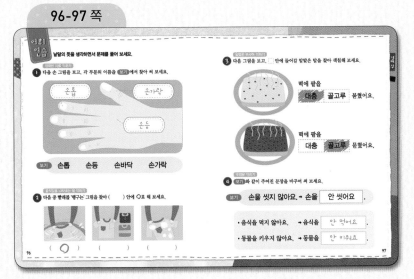

1. 손의 각 부분의 명칭을 정확하게 알아보는 문제입니다. '손바닥'은 손 안쪽의 구부러지는 곳이고, '손등'은 손바닥의 반대쪽입니다. 문제를 푼 뒤에 아이가 자기 손의 각 부분을 가리키며 이름을 정확하게 말해 볼 수 있도록 지도해 주세요.

2. 낱말의 뜻을 정확하게 알아보는 문제입니다. '헹구다'는 빨거나 씻은 것을 깨끗한 물에 담가 비눗기나 때를 빼는 것입니다. 두 번째 그림은 빨래를 개는 상황이고, 세 번째 그림은 빨래에 비누칠을 하는 상황입니다. 아이가 그림의 내용을 정확하게 파악하고 알맞은 답을 찾을 수 있도록 지도해 주세요.

3. '대충'은 건성으로 대강 한 것이고, '골고루'는 빼놓지 않고 두루 한 것입니다. 아이가 그림과 연결하여 낱말의 뜻을 이해할 수 있도록 지도해 주세요.

4. 부정문의 형태를 바꾸어 써 보는 문제입니다. '–지 않다'는 앞말의 뜻을 부정하는 말이고, '안'은 뒤에 오는 말을 부정하는 말입니다. 이 두 가지 형태를 서로 바꾸어 써도 뜻은 같습니다. 아이가 문장을 바꾸어 보고, 이러한 점을 자연스럽게 알 수 있도록 지도해 주세요.

98-99 쪽

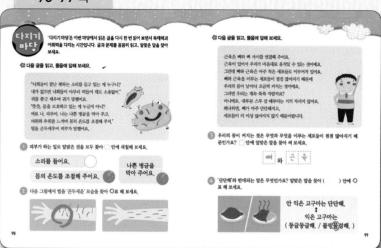

1. 글의 내용을 정확하게 파악하는 문제입니다. 주어진 글에는 귀가 하는 일과 피부가 하는 일이 드러나 있습니다. 문제를 통해 아이가 두 가지 내용을 정확하게 구별할 수 있도록 지도해 주세요.

2. 낱말의 뜻을 이해하는 문제입니다. '곤두서다'는 '눕거나 처진 것이 꼿꼿하게 일어서다.'라는 뜻입니다. 그리고 '곤두세우다'는 '곤두서게 하다.'라는 뜻입니다. 그림과 연결하여 아이가 낱말의 뜻을 정확하게 알 수 있도록 지도해 주세요.

3. 글의 중심 내용을 정확하게 이해하는 문제입니다. 뼈와 근육을 이루는 세포들이 점점 많아지기 때문에 우리의 몸이 날마다 조금씩 커진다고 했습니다. 다소 어려운 낱말이므로, 아이가 '뼈, 근육, 세포' 등의 낱말을 정확하게 읽고 쓸 수 있도록 지도해 주세요.

4. 반대말을 찾아보는 문제입니다. '단단하다'는 '깨지거나 부서지지 않을 만큼 매우 굳다.'는 뜻이고, '물렁물렁하다'는 '누르면 쑥 들어갈 만큼 부드럽고 무르다.'는 뜻입니다. 주변에서 단단한 물건과 물렁물렁한 물건을 찾아보게 하여 낱말의 뜻을 정확하게 알고 있는지 확인해 보세요.

100-101 쪽

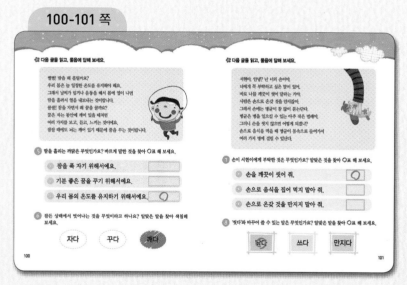

5. 글의 내용을 정확하게 이해하는 문제입니다. 우리 몸은 늘 일정한 온도를 유지해야 하기 때문에 몸에 열이 나면 땀을 흘려서 열을 내보낸다고 했습니다. 아이가 원인과 결과가 나타나 있는 문장을 잘 이해할 수 있도록 지도해 주세요.

6. 낱말의 뜻을 구별하는 문제입니다. '자다'는 눈을 감은 채 움직임을 멈추고 쉬는 것, 즉 잠이 든 상태가 되는 것이고, '깨다'는 잠든 상태에서 벗어나는 것입니다. 그리고 '꾸다'는 자면서 꿈꾸는 것을 뜻하는 말입니다. 잠과 관련된 이러한 낱말의 뜻을 아이가 정확하게 구별할 수 있도록 지도해 주세요.

7. 글의 내용을 정확하게 파악하는 문제입니다. '바로 나를 깨끗이 씻어 달라는 거야.'에서 '나'는 '손'을 가리킵니다. 아이가 글을 읽으면서 대명사가 가리키는 것이 무엇인지를 정확하게 파악할 수 있도록 지도해 주세요.

8. 비슷한 말을 찾아보는 문제입니다. '씻다'는 물로 때나 더러운 것을 깨끗이 닦는 것이고, '닦다'는 물기나 때를 없애려고 문지르는 것입니다. 답을 찾은 뒤에는 '나를 깨끗이 씻어 달라는 거야'와 '손을 씻지 않으면'에서 밑줄 친 부분을 '닦아'와 '닦지'로 바꾸어 읽어 볼 수 있도록 지도해 주세요.

18

102 쪽

놀이 마당

손 그림자놀이
손으로 여러 가지 모양을 만들어 보는 놀이예요.

❀ '손 그림자'란 빛이 손에 가려서 생기는 그림자를 말해요. 어두운 곳에서 전등을 켜 놓고 손 그림자놀이를 해 보세요.

독수리
양 손을 엇갈리게 해서 엄지손가락을 서로
걸어요. 열 손가락을 쫙 펴서 움직이면 날개를
펄럭이는 모습이 되지요.

토끼
왼쪽 손의 약손가락과 가운뎃손가락을 펴서
토끼의 두 귀를 만들고, 나머지 손가락은 가지런히
모아 토끼의 얼굴과 눈을 만들어요. 오른쪽 손을
손목 부분에 가져다 대고, 집게손가락과
가운뎃손가락을 살짝 구부려 앞발을 표현해요.

달팽이
한쪽 손의 집게손가락과 가운뎃손가락을 펴서
더듬이를 만들어요. 다른 손은 주먹을 쥐어서
달팽이 껍데기처럼 손등에 얹어요.

102

● 이 놀이 마당은 손을 이용하여 여러 가지 동물 모양을 만들어 보는 손 그림자놀이 활동입니다.

손 그림자놀이를 하기 위해서는 먼저 주위를 어둡게 만들고 벽면에 손전등을 비춥니다. 그런 다음 손전등 앞에 손을 위치시킵니다. 그러면 벽면에 손 그림자가 만들어지는 데 좀 더 또렷하게 손 그림자 모양을 볼 수 있습니다.

손 그림자놀이는 아이들의 호기심을 자극함으로써 상상력과 창의력을 계발시켜주는 매우 효과적인 놀이 활동입니다. 또한 여러 가지 모양을 만들어 보는 과정을 통해 손가락의 조작 능력을 키움으로써 소 근육을 발달시키는 데에도 많은 도움이 됩니다.

손 그림자놀이는 혼자 하는 것이 아닌 가족이나 친구와 함께 하는 놀이이므로 서로 간의 친밀감을 높이는 데 좋은 활동입니다. 아이와 함께 교재에 나온 모양 이외에도 여러 가지 동물 모양들을 손 그림자로 만들어 보세요. 아이와 좀 더 친해지고 가까워질 것입니다.

메모